REMY DE GOURMONT

Esthétique
de la langue française

LA DÉFORMATION — LA MÉTAPHORE
LE CLICHÉ
LE VERS LIBRE — LE VERS POPULAIRE

PARIS
SOCIÉTÉ DV MERCVRE DE FRANCE
XV, RVE DE L'ÉCHAVDÉ-SAINT-GERMAIN, XV

ESTHÉTIQUE DE LA LANGUE FRANÇAISE

DU MÊME AUTEUR :

CRITIQUE

Le Latin mystique (Etude sur la poésie latine du moyen âge) (3e édition), 1 vol. in-8º raisin........   10 fr.   »
L'Idéalisme, 1 vol. in-12 écu. ....   2 fr. 50
Le Livre des Masques (Ier et IIe) (gloses et documents sur les écrivains d'hier et d'aujourd'hui), avec 53 portraits, par F. Vallotton (2e édition), 2 vol. gr. in-18. Chaque volume.................   3 fr. 50

ROMAN, THÉATRE, POÈMES

Sixtine (2e édition), 1 vol. gr. in-18........   3 fr. 50
Le Pèlerin du silence (2e édition), 1 vol. gr. in-18.................   3 fr. 50
Les chevaux de Diomède (2e édition), 1 vol. gr. in-18.................   3 fr. 50
D'un Pays lointain, 1 vol. gr. in-18......   3 fr. 50
Lilith (2e édition), 1 vol. in-8º écu........   3 fr.   »
Histoires magiques (2e édition), 1 vol. in-12   3 fr. 50
Proses moroses (2e édition), 1 vol. in-24....   3 fr.   »
Théodat, 1 vol. in-12.................   2 fr. 50
Les Saintes du Paradis, petits poèmes avec 29 bois originaux de G. d'Espagnat, 1 vol. in-12 cavalier.................   6 fr.   »

REMY DE GOURMONT

Esthétique
de la langue française

LA DÉFORMATION — LA MÉTAPHORE

LE CLICHÉ

LE VERS LIBRE — LE VERS POPULAIRE

Deuxième édition

PARIS
SOCIÉTÉ DV MERCVRE DE FRANCE
XV, RVE DE L'ÉCHAVDÉ-SAINT-GERMAIN, XV

M DCCC XCIX

IL A ÉTÉ TIRÉ DE CET OUVRAGE

*Douze exemplaires sur papier de Hollande
numérotés de 1 à 12.*

JUSTIFICATION DU TIRAGE

Droits de traduction et de reproduction réservés pour tous pays, y compris
la Suède, la Norvège et le Danemark.

PRÉFACE

PRÉFACE

Esthétique de la langue française, cela veut dire: examen des conditions dans lesquelles la langue française doit évoluer pour maintenir sa beauté, c'est-à-dire sa pureté originelle. Ayant constaté, il y a déjà bien des années, le tort que fait à notre langue l'emploi inconsidéré des mots exotiques ou grecs, des mots barbares de toute origine, de toute fabrique, je fus amené à raisonner mes impressions et à découvrir que ces intrus étaient laids exactement comme une faute de ton dans un tableau, comme une fausse note dans une phrase musicale. Il me sembla donc que, sans rejeter inconsidérément les observations (qualifiées mal à propos de règles) grammaticales, il fallait du moins ajouter un nouveau principe à ceux qui guident l'étude des langues, le principe esthétique. Voilà toute la première partie de ce livre, y comprises les notes sur la Déformation.

Le chapitre des métaphores pourrait tenir en vingt lignes, si on ôtait les exemples; si on y mettait tous les exemples possibles, il demanderait vingt gros volumes. Il ne faut donc le regarder que comme une indication : il dira la possibilité d'un dictionnaire sémantique des langues de civilisation européenne. L'excuse de sa longueur, car il paraîtra long à beaucoup, c'est qu'en ces sortes de travaux il est défendu de demander à être cru sur parole; cette nécessité justifie encore l'aridité d'une nomenclature empruntée à différentes langues étrangères.

Je pense d'ailleurs qu'il ne faut jamais hésiter à faire entrer la science dans la littérature ou la littérature dans la science; le temps des belles ignorances est passé; on doit accueillir dans son cerveau tout ce qu'il peut contenir de notions et se souvenir que le domaine intellectuel est un paysage illimité et non une suite de petits jardinets clos des murs de la méfiance et du dédain.

Je désire ajouter que ces études, car sans être de la philologie elles s'appuient constamment sur la philologie romane et sur la linguistique générale, ont été aperçues de ceux dont l'approbation m'était nécessaire, alors que, sans préparation apparente, je me hasardais à des questions auxquelles il est d'usage, entre littérateurs, de ne pas répondre. Ce n'est pas comme caution que je dis le nom de l'illustre Max Muller, maître des mythologies et des métaphores, ni celui de M. Gaston Paris, dont nous sommes tous les disciples, ce qui n'est pas une raison pour qu'il ait approuvé autre chose dans mon Esthétique que le soin avec lequel j'ai défendu les principes que m'ont donnés ses travaux; c'est plutôt en manière de dédicace, et alors je n'oublierais pas M. Antoine Thomas, qui aime passionnément la langue française et qui l'a suivie jusqu'en ses plus mystérieuses métamorphoses. M. Gaston Paris me permettra de citer ici quelques lignes de son écriture, car elles sont une critique et elles disent ma pensée même, depuis que je les ai lues : « Sur quelques points (comme ce qui regarde l'orthographe) je ne serais pas tout à fait d'accord avec vous, et en thèse générale je ne sais si dans l'évolution linguistique on peut faire autre chose qu'observer les faits; mais après tout dans cette évolution même toute volonté est une force et la vôtre est dirigée dans le bon sens. » Ma pensée c'est cela même, c'est que je ne suis qu'une force, aussi petite que l'on voudra, qui voudrait se dres-

ser contre la coalition des mauvaises forces destructives d'une beauté séculaire. Je n'ai à ma disposition ni lois, ni règles, ni principes peut-être ; je n'apporte rien qu'un sentiment esthétique assez violent et quelques notions historiques : voilà ce que je jette au hasard dans la grande cuve où fermente la langue de demain.

R. G.

23 mars 1899.

ESTHÉTIQUE
DE LA LANGUE FRANÇAISE

> Le caractère est le style d'une langue. Chaque langue a son caractère qui se révèle par les sonorités, par les formes verbales ; c'est dans les mots qu'il met d'abord son empreinte obscure et profonde.
>
> GUILLAUME DE HUMBOLDT.

> Je défendrai toujours la pureté de la langue française.
>
> MALHERBE.

CHAPITRE PREMIER

Beauté physique des mots. — Origines des mots français. — Les doublets. — Le vieux français et la langue scolastique. — Le latin réservoir naturel du français.

On ne s'est guère intéressé jusqu'ici aux mots du dictionnaire que pour en écrire l'histoire, sans prendre garde à leur beauté propre, de forme, de sonorité, d'écriture. C'est qu'on a cru sans doute que, dégagés de l'image ou de l'idée qu'ils contiennent, les mots n'existeraient plus qu'à l'état d'articulations vaines. La phonétique elle-même n'a pu rester complètement indifférente à la signification des mots dont elle analysait les éléments, et c'est ainsi qu'elle est arrivée à établir l'origine et la filiation de presque tous les vocables de la langue française. Mais on conçoit très bien, et il y a une phonétique pure qui, faisant abstraction de toute sémantique, constate simplement la généalogie des sons, leurs mutations, leurs influences réciproques. L'esthétique du mot, telle que j'essaierai de la formuler pour la première fois, aura d'abord ce point de contact avec la phonétique qu'elle ne s'occupera que par surcroît du sens verbal, tout à fait insignifiant dans une question de beauté physique : la signification d'un mot ni l'intelligence d'une femme n'ajoutent rien ni n'enlèvent rien à la pureté de leur forme. Pureté : voilà le déterminatif (1).

Il y a dans la langue française et dans toutes les langues novolatines, trois sortes de mots : les mots de formation populaire, les mots de formation savante, les mots étrangers importés brutalement ; *maison*, *habitation*, *home*, sont les trois termes d'une même idée, ou de trois idées fort voisines ; ils sont bien représentatifs des trois castes d'inégale valeur qui se partagent les pages du vocabulaire français. Notre langue serait pure si tous ses mots appartenaient au premier type, mais on peut supposer, sans pré-

---

(1) Vaugelas, qui ne pouvait avoir qu'un sens instinctif de la pureté des mots, a le sens de leur beauté. Il loue en ces termes *insidieux* : « Il est beau et doux à l'oreille. »

tendre à une exactitude bien rigoureuse, que plus de la moitié des mots usuels ont été surajoutés, barbares et intrus, à ce que nous avons conservé du dictionnaire primitif : la plupart de ces vocables conquérants, fils bâtards de la Grèce ou aventuriers étrangers, sont d'une laideur intolérable et demeureront la honte de notre langue si l'usure ou l'instinct populaire ne parviennent pas à les franciser. Leur nombre croissant pourrait faire craindre que le français fût en train de perdre son pouvoir d'assimilation, jadis si fort, si impérieux; il n'en est rien, mais la demi-instruction, si malheureusement répandue, oppose à cette vieille force l'inertie de plusieurs sophismes.

Cependant les mots du second et du troisième type peuvent avoir acquis, par le hasard des formations ou des déformations, une certaine beauté analogique ; ils peuvent être tels qu'ils aient l'air d'être les frères véritables des véritables mots français; cette pureté extérieure, qui ne fait point illusion au phonétiste, doit désarmer le littérateur ; il nous est parfaitement indifférent, en vérité, que *hélice, agonie, gamme* soient des mots grecs ; rien ne les différencie des plus purs mots français ; ils se sont naturellement pliés aux lois de la race et leur fraternité est parfaite avec *lice, dénie, flamme,* véridiques témoins. Il y a aussi un grand nombre de termes abstraits qui, quoique d'une physionomie assez barbare, nous sont indispensables, tant que le vocabulaire n'aura pas subi une réforme radicale ; dès qu'on touche aux abstractions, il faut écrire en gréco-français ; cet essai sera, et est déjà plein de mots que je répudie comme écrivain, mais sans lesquels je ne puis penser. On ne peut les supprimer, mais on peut tenter de les rendre moins laids : cela sera l'objet d'un des chapitres que j'ai le dessein d'écrire.

Pareillement, et avec moins d'hésitation encore, il faut respecter la plupart des mots latins qui sont entrés dans la langue sans passer par le gosier populaire, ce terrible laminoir. Ils sont mal formés ; on n'a pas tenu compte, en les transposant, des modifications spontanées que la prononciation leur aurait fait subir si le peuple les avait connus et parlés ; on les jeta brutalement dans la langue, sans écouter aucun des conseils de l'analogie et on infesta ainsi le français de la finale *ation*, qui peu à peu a détruit le pouvoir de *aison*, finale normale, moins lourde et plus définitive. De *potionem* le peuple a fait *poison* et les savants *potion* ; le peuple fut plus ingénieux et plus personnel, étant ignorant. Mais *potion* était utile, l'idée générale contenue dans *potionem* ayant disparu du mot populaire (1). La nécessité qui a fait doubler *émoi* par *émotion* est beaucoup moins évidente, et l'on ne voit pas bien que la langue qui avait *émouvoir* ait fait, en acceptant *émotionner*, une acquisition très importante ni très belle.

Poison et *potion* ; on appelle *doublets* ces mots de forme différente et de souche unique ; le second est venu doubler le premier soit à une époque assez ancienne, soit au cours des siècles ou tout récemment. Ils n'ont jamais la même signification et c'est l'excuse du mauvais; excuse assez faible, car, comme je l'expliquerai plus loin, un seul mot peut, sans qu'aucune confusion soit à craindre, porter jusqu'à dix ou douze sens différents.

C'est ainsi que la langue ayant tiré du latin *capitale* la forme *cheptel* a fait, avec le même

---

(1) Elle a également disparu de *potion* pour se partager entre *breuvage* et *boisson*.

mot, la forme *capital*. Voici quelques exemples de doublets que je n'emprunte pas à l'opuscule de Brachet, quoiqu'ils s'y trouvent certainement :

Latin	Vieux français	Français moderne
Monasterium	Moutier	Monastère
Ministerium	Métier	Ministère
Paradisus	Parvis	Paradis
Hospitale	Hôtel	Hôpital
Augurium	Heur	Augure
Unionem	Oignon	Union (1)
Crypta	Grotte	Crypte
Decima	Dîme	Décime
Articulum	Orteil	Article
Navigare	Nager	Naviguer

Souvent, le sens s'étant perdu de la fécondité naturelle du français, un savant en quête d'un qualificatif, d'un dérivé est remonté au mot latin au lieu d'interroger le mot français :

Natalis	Noël	Natalité
Ostrea	Huître	Ostréiculture
Ranuncula	Grenouille	Renonculacées

(1) Il y a deux *unio-nem*, l'un disant oignon, l'autre union. Ce n'est donc pas là un doublet véritable ; mais si le vieux français avait tiré un mot de *unionem* (unir), nous dirions, sans rire : *L'oignon fait la force.*

Oxalia	Oseille	Oxalique
Medulla	Moëlle	Médullaire (1)
Auricula	Oreille	Auriculaire
Gracile	Grêle	Gracilité
Dies dominica	Dimanche	Dominical
Pediculum	Pou	Pédiculaire
Pneuma	Neume	Pneumatique

On doit avoir l'impression rien qu'à parcourir ces deux listes très écourtées, que si les mots de la seconde colonne sont français, ceux de la troisième ne le sont pas, ou très peu ; ils ne sont pas davantage latins, puisque jamais en aucun pays ils n'ont été prononcés tels que le dictionnaire nous les offre aujourd'hui. Ils n'en sont pas moins, sauf le dernier, fort estimables; leur présence dans la langue est devenue presque un ornement en même temps qu'une garantie de solidité depuis que tant d'autres causes de destruction sont venues l'assaillir et, partiellement, la vaincre.

Nous ne comprenons plus, sans études préalables, le vieux français ; la tradition a été rom-

---

(1) Il n'est pas très rare de lire : la *moëlle médullaire*. Il ne faut pas trop rire, ni trop blâmer cela. Le langage d'usage n'a pas à tenir compte du sens étymologique des mots. Voir plus loin, à la fin du chapitre II.

puc le jour où les deux littératures, française et latine, se trouvèrent réunies aux mains des lettrés ; les hommes qui savent deux langues empruntent nécessairement, quand ils écrivent la plus pauvre, les termes qui lui manquent et que l'autre possède en abondance. Or, à ce moment le français paraissait aussi pauvre en termes abstraits que le latin classique, tandis que le latin du moyen âge, enrichi de toute la terminologie scolastique, était devenu apte à exprimer, avec la dernière subtilité, toutes les idées ; ce latin médiéval a versé dans le français toutes ses abstractions ; la philosophie et toutes les sciences adjacentes s'écrivent toujours dans la langue de Raymond Lulle. *Identité, priorité, actualité* sont des mots scolastiques. Cet apport, continué par les siècles, a presque submergé le vieux français. On en était arrivé à croire, avant la création de la linguistique rationnelle, que ces mots latins étaient les seuls légitimes et que les autres représentaient le résidu d'une corruption extravagante ; mais la corruption elle-même a des lois et c'est pour ne pas les avoir observées qu'on a si fort gâté la langue française.

Il n'est pas bien certain, en effet, que le vieux français fût aussi dénué qu'on l'a cru : si les innovateurs avaient connu leur propre langue aussi bien qu'ils connaissaient le latin, auraient-ils négligé *afaiture* pour *construction*, ou *semblance* pour *représentation* ? La nécessité n'explique pas tous ces emprunts ; la vanité en explique quelques autres : il a toujours paru aux savants de tous les temps qu'ils se différenciaient mieux de la foule en parlant une langue fermée à la foule. Dans l'histoire du français il faut tenir compte du pédantisme. Sur près de deux mille mots purement latins en *sion* et *tion*, il n'y en a pas vingt qui puissent entrer dans une belle page de prose littéraire ; il y en a moins encore qu'un poète osât insérer dans un vers. Ces mots, et une quantité d'autres, appartiennent moins à la langue française qu'à des langues particulières qui ne se haussent que fort rarement jusqu'à la littérature, et si on ne peut traiter certaines questions sans leur secours, on peut se passer de la plupart d'entre eux dans l'art essentiel, qui est la peinture idéale de la vie.

D'ailleurs les mots les plus servilement latins sont les moins illégitimes parmi les intrus du dictionnaire. Il était naturel que le français empruntât au latin, dont il est le fils, les ressources dont il se jugeait dépourvu et, d'autre part, quelques-uns de ces emprunts sont si anciens qu'il serait fort ridicule de les vouloir réprouver. Il y a des mots savants dans la *Chanson de Roland*. Au point de vue esthétique, si *imperméabilisation* et *prestidigitateur*, par exemple, manquent vraiment de beauté verbale, il y a moins d'objections contre beaucoup de leurs frères latins, et d'autres, fort nombreux, sont très beaux et très innocents (1). Tout en regrettant que le français se serve de moins en moins de ses richesses originales, je ne le verrais pas sans plaisir se tourner exclusivement du côté du vocabulaire latin chaque fois qu'il se croit le besoin d'un mot nouveau, s'il voulait bien, à ce prix, oublier qu'il existe des langues étrangères, oublier surtout le chemin du trop fameux *Jardin des Racines grecques*. Le mal que ce petit livre a fait depuis deux siècles aux langues novo-latines est incalculable et peut-être irréparable.

(1) *Innocent* est un mot de formation savante, qui remonte au xie siècle. Du latin *innocentem* le peuple aurait fait *ennuisant*.

CHAPITRE II

Le sens du mot déterminé par sa fonction et non par son étymologie. — Les mots détournés de leur sens premier. — Les mots à sens nul et les mots à sens multiples. — Le mot est un signe et non une définition.

Sans compter les dérivés, la langue française contient environ quatre mille mots latins de formation populaire; il n'y a qu'à contempler le Dictionnaire de Godefroy pour apprendre que ces quatre mille mots ne sont que des témoins échappés à un grand naufrage. Les mots primitifs d'origine germanique sont encore dans le vocabulaire au nombre de plus de quatre cents; on compte dans la même couche ancienne, mais tout à fait à la surface, une vingtaine de mots grecs importés par les Croisés, au XIIIe siècle; la langue française ayant à ce moment un grand pouvoir d'assimilation, leur origine est méconnaissable ; radicalement francisés, ils sont devenus *chaland, chicane, gouffre, accabler, avanie*. La part du grec dans la langue française originale est équivalente à celle du celtique, nulle; elle est au contraire importante, autant que déplorable, dans le français moderne.

On a fort bien dit que le nom n'a pas pour fonction de définir la chose, mais seulement d'en éveiller l'image. C'est pourquoi le souci des fabricateurs de tant d'inutiles mots gréco-français apparaît infiniment ridicule (1). Lorsqu'on inventa les bateaux à vapeur, il se trouva aussitôt un professeur de grec pour murmurer *pyroscaphe*; le mot n'a pas été conservé, mais il figure encore dans les dictionnaires. N'importe quel assemblage de syllabes était apte à signifier *bateau à vapeur* aussi bien que *pyroscaphe*, puisque, même avec la connaissance du grec, il nous est impossible de découvrir dans cette agglutination de termes l'idée de « bateau qui marche au moyen d'une machine à vapeur »; trouvé

---

(1) M. Antoine d'Abbadie imaginant un nouveau *théodolite* l'appela *aba*, « mot qui a l'avantage d'être court et sans étymologie ». (*Bulletin de la Société de Géographie*, sept. 1878.) — A propos de *théodolite*, notons qu'il se trouve dans les dictionnaires entre *théodicée* et *théogoniste*; cela donne envie de le traduire par *route de Dieu*.

dans les papyrus calcinés d'Herculanum, il serait légitimement traduit par *brûlot* (1). Ces équivoques sont inévitables lorsqu'on veut substituer au procédé légitime de la composition ou de la dérivation le procédé, tout à fait enfantin, de la traduction. Tous ces mots empruntés au grec ont d'abord été pensés et combinés en français; et absurdes en français, ils ne le sont pas moins en grec.

La filiation d'un mot, même du latin au français, n'est presque jamais immédiatement perceptible ; très souvent le mot français a une signification tout à fait différente de celle qu'il supportait en latin; bien plus, à quelques siècles, et même à quelque cinquante ans de distance, un mot français change de sens, devient contradictoire à son étymologie, sans que nous nous en apercevions, sans que cela nous gêne dans l'expression de nos idées ; d'identiques sonorités expriment des objets entièrement différents, soit qu'elles aient une origine divergente, soit qu'un mot ait assumé à lui seul la représen-

---

(1) Les indigènes du Gabon, qui ne savent pas le grec, ont nommé le bateau à vapeur *bateau fumée*, ce qui est fort joli. (*Voyages* d'Alfred Marche.)

tation d'images ou d'actes disparates (1). Il n'y a que des rapports vagues, purement métaphoriques, entre un grand nombre de mots français anciens et le mot latin dont ils sont la transposition populaire : de *frigorem* (froid) à *frayeur*, de *rugitus* (rugissement) à *rut*, ou de *pedonem* (piéton) à *pion*, de *gurges* (gouffre) à *gorge*, de *marcare* (marteler) à *marcher*, il y a si loin que la phonétique seule a pu identifier ces vocables divergents (2). Les mots *chapelet* et *rosaire* ont passé du sens de *chapeau* et de *couronne de roses* à celui de *grains enfilés*, et c'est de ce dernier sens brut que dérivent nécessairement, aujourd'hui, toutes leurs significations métaphoriques, amoureuses ou pieuses. *Chapelle* provient de la même racine que chapelet et signifie proprement un petit chapeau ; *poutre* vient de *pul-*

(1) Les trois mots *poêle* du français viennent de trois mots latins différents, *petalum, patellam* et *pensiles*. Les trois mots *grâce* (pitié, don, beauté) représentent le seul mot *gratia*. On compterait en français environ quinze cents mots dont le son se retrouve, avec des variantes orthographiques, dans un ou plusieurs autres mots. Le même son a quelquefois jusqu'à huit ou dix sens différents, de sorte qu'avec quinze cents sons la langue a fait au moins six mille mots.

Appelés jadis homonymes, ces mots sont dits maintenant homophones. Il y a un très riche *Nouveau dictionnaire des mots homonymes* par le sieur Delion-Baruffa (A Sedan, an XIII).

(2) Voir plus loin l'étude sur *la Métaphore*.

letrum et Ronsard l'employa encore dans le sens de *cavale*.

Certains écrivains, amateurs d'étymologies, sont très fiers quand ils ont fait rétrograder un mot français vers la signification stricte qu'il avait en latin; c'est un plaisir dangereux dont on abusa au seizième siècle. Des mots tels que *montre*, *règle*, ne possèdent d'autre sens que ceux que leur donne la phrase où ils figurent; *cahier*, voulant dire un assemblage de quatre choses, n'est représentatif d'un objet déterminé que parce que nous ignorons son origine; le mot d'où il est né, *quaternus*, a reparu en français moderne sous la forme médiocre de *quaterne*. M. Darmesteter a analysé dans sa *Vie des Mots* douze significations du mot *timbre*, qui vient de *tympanum;* il y en a d'autres (1), mais quel qu'en soit le nombre, nous ne les confondons jamais, pas plus que nous ne sommes troublés par la distance qu'il y a entre *calmar*, au sens de plumier, et *calmar*, au sens de seiche monstrueuse : quel travail s'il nous fallait retrouver dans les douze ou quinze significations

(1) Par exemple, celle de : coffre où l'on conserve les carafes frappées.

de *timbre* l'idée de *tambour* et dans *calmar* l'idée de *roseau*. Le mot arrive quelquefois à un sens absolument contradictoire avec son étymologie : un exemple assez connu mais curieux est celui de *cadran*, venu de *quadrantem*, qui avait pris la signification de *carré*. Le verbe *tuer* vient littéralement du latin *tutari* (protéger) (1).

Il faut donc sourire de la prétention de certains savants. Un mot n'a pas besoin de contenir sa propre définition. Dans l'instrument nommé *télescope*, l'idée de *voir de loin* n'est aucunement essentielle, mais si on la croyait nécessaire, le mot *longue-vue* était bien suffisant, et capable de porter, comme *lunette*, une double ou une triple signification. Le *télescope* aurait pu encore, sans aucun danger, être appelé *tube* ou *tuyau;* c'est ce dernier nom qu'il eût sans doute reçu, si le peuple avait été appelé à

---

(1) *Tutari, tutari focum* (protéger, puis étouffer le feu), *étouffer, tuer;* ainsi a-t-on reconstitué l'histoire singulière de ce mot qui dit exactement le contraire de ses syllabes primitives. On dit encore en Normandie, *tuer le feu ;* dans le centre de la France et au Canada, *tuer la chandelle*. Malherbe a écrit:
C'est que la terre était brûlée
S'ils n'eussent tué ce flambeau.
Défendre (il en était déjà de même du latin *defendere*) veut dire à la fois *repousser* et *protéger*.

le baptiser (1). Comme *jumelles*, mot populaire, presque argotique, est joli, comparé à *microscope*, *stéréoscope*, d'une barbarie si savante et si triste ! Au pédant qui invente *binocle*, l'instinct heureux de l'ignorant répond par *lorgnon*; à *cycle, tricycle, bicycle* et tous leurs dérivés l'ouvrier qui forge ces machines oppose *bécane* : il n'a point besoin du grec pour lancer un mot d'une forme agréable, d'une sonorité pure et conforme à la tradition linguistique (2).

(1) Par *peuple*, en linguistique, il faut entendre, sans distinction de classe, de caste, ou de couche, l'ensemble du public, tel que livré à lui-même et usant de la parole sans réflexion analytique.

(2) *Bécane*, mot de la langue des serruriers, semble parallèle à *béquille* (quille à bec, canne à bec). *Bécane* serait la forme contractée de *bec-de-cane*, également terme de serrurerie.

CHAPITRE III

Le gréco-français. — Les mots à combinaisons étymologiques. — Les mots composés français. — Le grec industriel et commercial. — Le grec médical. — Le grec et la dérivation française. — Le grec et le français dans la botanique, l'histoire naturelle, la sociologie. — Les dieux grecs.

Le grec, assez peu senti pour qu'on ose y toucher sans scrupule, offre aux fabricants de mots nouveaux une facilité vraiment excessive.

Au lieu d'interroger la langue française, d'étudier le jeu de ses suffixes, le mécanisme de ses mots composés, on a recours à un lexique dont la tolérance est infinie et qui se prête aux combinaisons agglutinatives les plus illogiques et les plus inutiles. Avec deux signes (un peu retors, il est vrai), avec, par exemple, le mot *chum* (cloche) et un déterminatif, les Chinois disent : « Son que produit une cloche dans le temps de la gelée blanche ; » avec trois signes ils disent : « Son d'une cloche qui se fait entendre à travers une forêt de bambous (1). » Voilà sans doute l'idéal de tous ceux qui ignorent que, grâce à ce délicieux système, il faut une quarantaine d'années pour s'assimiler les « finesses » de ce langage immense mais immobile. Tout est prévu également par le gréco-français ; à la cloche chinoise il peut opposer, dans un genre plus sévère, *icthyotypolite* ou *épiplosarcomphale*.

Il est très mauvais, même dans la plupart des sciences, d'avoir des mots qui disent trop de choses à la fois ; ces mots finissent par ne plus correspondre à rien de réel, les mêmes combinaisons ne se représentant que fort rarement à l'état identique ; s'il s'agit de phénomènes stables il faut les qualifier soit par un mot net et simple, soit par un ensemble de mots ayant un sens évident dans la langue que l'on parle. L'abondance des termes distincts est une pauvreté, par la difficulté que tant de sonorités étrangères trouvent à se loger dans une mémoire et aussi parce que chacun de ces mots, réduit à une signification unique, est en lui-même bien

(1) Callery, *Dictionnaire de la langue chinoise*. Specimen. 1842.

pauvre et bien fragile. On arrive à ne coordonner qu'un assemblage énorme et disparate de vases de terre presque entièrement vides. Les langues viriles maniées par de solides intelligences tendent au contraire à restreindre le nombre des mots en attribuant à chaque mot conservé, outre sa signification propre, une signification de position. Ainsi le langage devient plus clair, plus maniable, plus sûr; il donne, avec le moindre effort, le rendement le plus haut. Il ne s'agit pas de bannir les termes techniques, il s'agit de ne pas traduire en grec les mots légitimes de la langue française et de ne pas appeler *céphalalgie* le *mal de tête* (1).

Le français, tout aussi bien que le grec et certaines langues modernes, se prête volontiers aux mots composés; on en relève plus de douze cents dans les dictionnaires usuels qui ne les contiennent pas tous, et il s'en forme tous les jours de nouveaux. Plusieurs méthodes ont été employées pour joindre deux idées au moyen de deux mots qui prennent un rapport constant; celle qui semble aujourd'hui le plus en usage

(1) Noter que l'expression française, avec ses trois mots, est plus courte que l'unique mot grec.

consiste à unir deux substantifs en donnant au second la valeur d'un adjectif; elle est infiniment vieille et sans doute contemporaine des langues les plus lointaines que nous connaissions. On peut se figurer un langage sans adjectifs; alors pour dire un homme *rapide* (qui-court-vite) on dit un homme *cheval* (un coureur jadis reçut ce sobriquet); si le second terme passe définitivement à l'idée générale de rapidité, la langue, pour exprimer l'idée de cheval, lui substitue un autre mot ; les langues bien vivantes ne sont jamais embarrassées pour si peu. Certains noms de couleurs en sont restés à la phase mixte, tantôt substantifs, tantôt adjectifs: teint *brique*, cheveux *acajou*, la Revue *saumon* (1); mais tout substantif français peut être employé adjectivement : le champ de la composition des mots selon ce système est donc illimité (2). On forme encore beaucoup de nouveaux mots en faisant suivre d'un nom un verbe à l'impératif singulier ou un substantif verbal; cette méthode a enri-

---

(1) Cavallotti avait fondé un journal appelé *Gazzettino rosa*, nous disons de même une *femme châtain*. M. Daudet, dans ce cas, écrivait *châtaine;* aurait-il dit une barbe *acajoue*? Il faut rester dans l'analogie.

(2) Mots récents ainsi formés : *cheval-vapeur, idées-forces.*

chi la langue française depuis l'origine: *coupe-gorge, tire-laine, pèse-goutte, hache-paille*. Les combinaisons sont nombreuses par lesquelles se façonnent les mots composés; ce n'est pas ici le lieux de les expliquer, mais on peut conseiller, en principe, à tous les innovateurs d'avoir toujours sous la main les deux livres admirables de Darmesteter sur la formation actuelle des mots nouveaux et des mots composés. On vient d'inventer un appareil que l'on a bien voulu dénommer *cinézootrope ;* que nos aïeux n'ont-ils su le grec aussi bien que les photographes (encore un joli mot) et le *tournebroche* s'appellerait pompeusement l'*obéliscotrope* (1)!

Cinézootrope appartient au grec industriel et commercial : c'est une langue fort répandue, qui se parle au Marais et qui s'écrit dans les prospectus. Selon cet idiome, un *empailleur* devient un *taxidermiste* et un vitrier un *vitrologue*; le *papier-cuir* devient du papier *skytogène* (2) et toute pommade est *philocome* (3)

---

(1) Ὀβελίσκος veut dire broche ou brochette.
(2) Sans doute pour *scytogène* (σκυτος).
(3) Littéralement *qui-soigne-sa-chevelure ;* le mot est donc absurde.

comme tout élixir *odontalgique* (1). Beaucoup de ces barbarismes sont assez fugitifs, mais il en demeure assez pour infecter même la langue commerciale qu'on aurait pu croire à l'abri du *delirium græcum*. C'est que l'auteur d'une invention souvent insignifiante croit ennoblir son œuvre en la qualifiant d'un mot qu'il achète et qu'il ne comprend pas (2); c'est aussi que les commerçants connaissent le goût du peuple pour les mots savants; en prononçant des bribes de patois grec ou latin, la commère se rengorge et la femme du monde sourit, pleines de satisfaction. Un marchand d'appareils photographiques a baptisé sa boutique, *Photo-Emporium;* il vend des *vitagraphes* et des *kromskopes!* Tel industriel se vante d'être le créateur du cuir *pantarote*. Celui-ci trafique orgueilleusement d'huiles qu'il dénomme : *enginer-auto*

---

(1) Même remarque; le sens direct est : *qui-fait-mal-aux-dents.* — Pour dire l'art de restaurer les livres, Nodier conseille sérieusement *bibliuguiancie.*

(2) L'inventeur qui a décoré sa lanterne du nom de *biographe* ignorait peut-être l'existence antérieure de ce mot dans l'usage français; il ignorait encore bien plus que βιος signifie surtout la vie *humaine* et ne possède pas l'idée générale de vie qui est tenue par ζωη ou φυσις. — Le mot français *biologie* veut dire en grec *biographie.*

et *moto-naphta!* Voilà les résultats de l'instruction vulgarisée sans goût. Il y a là quelque chose de honteux, mais le grand point est de parler français le moins possible et d'avoir l'air, en prononçant des syllabes barbares, d'avouer un secret.

Les médecins de Molière parlaient latin, les nôtres parlent grec. C'est une ruse, qui augmente plutôt leur prestige que leur science. Ils commencèrent à user sérieusement de ce stratagème au dix-huitième siècle; du moins ne voit-on, avant cette époque, même dans Furetière, que peu de termes médicaux tirés du grec. Peu à peu ils se mirent à divaguer dans une langue qu'ils croyaient celle d'Hippocrate et qui n'est qu'un jargon d'officine. Les vieux noms des maladies, tels que *pourpre, grenouillette, poil* (1), *taupe, écrouelles, échaubourlures, tortue, ongle, clou, fer-chaud, fic, thym* (verrue) furent chassés; chassées aussi les appellations populaires comme: *mal S. Antoine, mal rose, mal des Ardents,* trois noms de l'érysipèle; comme *mal d'aventure,* pour panaris, *mal S. Main,* pour la gale,

(1) Maladie du sein dont le nom était, il est vrai, dû à une erreur assez ridicule.

mal de mère, pour hystérie ; comme *mal caduc*, *haut mal* et *mal S. Jean*, pour épilepsie. Cependant Villars les cite encore (1) ainsi que les noms vulgaires des instruments de chirurgie : *bec de cygne, bec de cane, bec de grue, bec de lézard* (2), *bec de perroquet, bec de corbeau, bec de bécasse, pélican, érigne, feuille de myrte*, etc. Il nous apprend que le sieur Mauriceau, accoucheur, ayant inventé un instrument, l'appela *tire-teste*. Ce médecin osait encore parler français. J'ignore le nom de l'actuel *tire-tête*, mais je suis sûr que ce nom commence par *céphalo* (3). Malgré ce retardataire la nomenclature médicale s'ornait de vocables décisifs. On avait décidé de nommer *acrochordons* les verrues, *emprosthotonos* les convulsions, *lipothymie* la pâmoison, *alexipharma-*

(1) *Dictionnaire françois-latin des termes de médecine et de chirurgie* par Elie Col de Villars ; Paris, 1753. — Il cite aussi de curieux noms de *bandages : épi, doloire, fanons, œil, épervier*, etc.

(2) Comme on se figure difficilement le *bec* d'un lézard, voici l'article de Col de Villars : « *Bec de lézard*, s. m. *Rostrum lacertinum*, i. s. n. C'est aussi [comme le bec de grue] une espèce de tire-balle ou de pincettes dont les lames qui forment la partie antérieure sont applaties. »

(3) Nom médical de *tête*, en composition. *Cerveau, cervelle*, trop clairs, de trop bonne langue, sont remplacés par *encéphale*, en composition, *encéphalo*.

ques les contre-poisons, *anacathartiques* les expectorants, *eccoprotiques* les purgatifs, *anaplérotiques* les cicatrisants; il y eut des médicaments *antihypocondriaques*, à savoir : l'ellébore noir, la scolopendre, l'hépatique, le senné, le safran de mars, les capillaires et l'extrait *panchimagogue*. Ce fut un grand progrès d'avoir appelé *histérotomotocie* l'opération césarienne, *scolopomacherion* le bec de bécasse et *méningophylax* un couteau à pointe mousse pour la chirurgie de la tête !

Les médecins modernes n'ont presque rien inventé de plus absurde, mais ils ont inventé davantage, et renouvelé à la fois leur science et l'art d'en voiler la faiblesse au vulgaire. Le Dr Bazin, qui avait du mérite, aurait rougi de ne pas appeler un cor, *tylosis* (1). La petite maladie des paupières qu'Ambroise Paré nommait ingénument des *grêles*, ses héritiers l'ont baptisée *chalazion;* ce mot était technique dans la médecine grecque, mais grêles (χαλαζα) le traduit fort bien, image pour image. « Les mé-

---

(1) Le Professeur Brissaud, *Histoire des expressions populaires relatives à la médecine* (1888), livre fort intéressant et qui m'a été des plus utiles pour ce chapitre sur le grec médical.

decins, dit avec sagesse M. Brissaud, sont coupables de conserver — et surtout d'inventer des formes bâtardes, métissées de grec et de latin, dans les cas où le fond de notre langue suffirait amplement »; et il cite le mot excellent de *cailloute,* nom d'une phtisie particulière aux casseurs de *cailloux,* ou provoquée par des poussières minérales ; les *nosographes,* le trouvant trop clair et trop français, l'ont biffé pour écrire *pneumochalicose.* Mais n'avaient-ils pas déjà substitué *phlébotomie* à *saignée!* Voici sans observations une liste de mots français avec leur nom correspondant en patois médical; on jugera de quel côté sont la raison et la beauté :

Adéphagie........	Fringale
Adénoïde........	Glanduleux
Agrypnie.........	Insomnie
Adynamie........	Faiblesse
Omoplate........	Palette, Paleron (restés comme termes de boucherie)
Ombilic.........	Nombril
Pharynx.........	Avaloir (*vieux français*)
Zygoma.........	Pommette
Thalasie........	Mal de mer

Epilepsie.........	Haut-mal
Asthme..........	Court-vent
Ephélides........	Son (taches)
Ictère...........	Jaunisse
Naevi...........	Envies
Phlyctène........	Ampoule
Ecchymose.......	Bleu, Meurtrissure, Sang-meurtri (*vieux français*)
Myodopsie.......	Berlue (latin : *bislucere*)
Diplopique.......	Bigle
Apoplexie........	Coup de sang

On pourrait continuer, car le vocabulaire gréco-français est fort abondant. Les lexiques spéciaux contiennent environ trois mille cinq cents mots français tirés du grec, mais ils sont tous incomplets; il est vrai que l'un de ces ouvrages attribue au grec la paternité d'une quantité de vocables purement latins, ou allemands, comme *pain* et *balle*. L'auteur, pour l'amour du grec, fait venir *bogue*, une sorte de poisson, de Βοαω, qui veut dire crier : c'est peut-être aller un peu loin ! Mais le nombre exact de ces mots importe peu; il y en aura toujours trop, bien qu'ils meurent assez rapidement. Rien ne se fane plus vite dans une langue que les mots sans racines vivantes : ils sont des corps étrangers que l'organisme rejette, chaque fois qu'il en a le pouvoir, à moins qu'il ne parvienne à se les assimiler. *Prosthèse*, terme grammatical, — élégante traduction de *greffe!* — a échoué sous la forme *prothèse* chez les dentistes qui bientôt n'en voudront plus. Déjà les médecins qui ont de l'esprit n'osent plus guère appeler *carpe* le *poignet* ni décrire une écorchure au pouce en termes destinés sans doute à rehausser l'état de duelliste, mais aussi à ridiculiser l'état de chirurgien. Si beaucoup de mots nécessaires à la médecine et à l'anatomie (celui-ci même, par exemple) sont irremplaçables, il faut tout de même tenter de les rendre moins laids en les francisant complètement et non plus seulement du bout de la plume ; nous examinerons ce point.

De l'usage des termes grecs dans les sciences médicales, on donne cette explication qu'il est impossible de tirer tel dérivé nécessaire de tel mot français. Que faire de oreille, par exemple, ou de œil ? Mais du mot *œil* l'ancienne langue a tiré *œillet, œillade, œillère* (1); de *oreille*,

---

(1) *Œillette*, anciennement *oliette*, se rattache à *oleum, olium*, huile.

elle a tiré *oreillon* (*orillon*, dans Furetière), *oreillard*, *oreiller*, *oreillette*, *oreillé* (terme de blason). *Oreillon*, c'est pour le peuple toute maladie interne de l'oreille ; cela vaut bien *otite*, il semble. *Œil* était tout disposé à donner bien d'autres rejetons : *œiller*, *œilliste*, *œillage*, *œillon*, *œillard*, etc.; et *oreille* : *oreilliste*, *oreilleur*, *oreillage*. Qui même peut affirmer que ces termes ne sont pas usités en quelque métier ?

Mais le médecin des yeux eût rougi de s'appeler *œilliste*, comme le médecin des dents s'appelle *dentiste;* déjà la qualification d'*oculiste*, insuffisamment barbare, humilie ses prétentions : il est *ophtalmologue*. Il y a aussi des *otologues*, des *glossologues* et peut-être des *onyxologues*.

Comme la médecine, la botanique, dont les éléments premiers, les noms vrais des plantes, sont pourtant de forme populaire, a été ravagée par le latin et par le grec. Là, il n'y a aucune excuse, car toutes les plantes ont un nom original et rien n'obligeait les botanistes français à accepter la ridicule nomenclature de Linné, alors que la nomenclature populaire est d'une richesse admirable. Pour le seul mot *clema-*

tis vitalba ou *clématite*, en véritable français, *viorne*, du latin *viburnum*, il n'y a pas dans la langue et dans les dialectes moins d'une centaine de noms (1); en voici quelques-uns, parmi lesquels on pouvait choisir : *aubevigne, vigne blanche, vignolet, fausse vigne, veuillet, vioche, vigogne, viorne, vienne, vianne, viaune, liaune, liane, viène, vène, liarne, iorne, rampille*, et des mots composés très pittoresques : *barbe de chèvre, barbe au bon Dieu, cheveux de la Vierge, cheveux de la Bonne Dame, consolation des voyageurs* (2). A quoi bon alors le mot clématite (qui n'est d'ailleurs pas laid)? Quel est son rôle si ce n'est celui de négateur de tous ceux qu'il a l'orgueil de remplacer ? Elle est singulière la légendaire pauvreté d'une langue où l'on pourrait dans l'écriture d'un paysage nommer trente fois une plante sans répéter deux fois le même nom! Mais une langue est toujours pauvre pour les demi-savants (3). Que d'images

(1) E. Rolland, *Flore populaire*, tome 1er.
(2) Les Anglais disent aussi : *Traveller's joy*, parce que la viorne annonce un village prochain.
(3) Il ne faut pas confondre cette opulence imaginative ou verbale, qui témoigne de la vitalité d'une langue, avec l'indigente richesse dont on a parlé plus haut, qui ne met en circulation que de la fausse monnaie.

pleines de grâce dans ces noms que le peuple donna aux fleurs ! Ainsi l'*adonis aestivalis* ou *autumnalis* est appelé : *goutte de sang, sang de Vénus, sang de Jésus ;* l'*anémone nemorosa* est la *pâquerette,* la *demoiselle,* la *Jeannette,* la *fleur des dames ;* la *pulsatilla vulgaris* est la *coquelourde,* la *coquerelle,* le *coqueret,* la *coquerette,* la *clochette,* le *passe-velours,* la *fleur du vent.* Cette *coquerelle,* des botanistes ont osé la dénommer *alkékange,* mot dont j'ignore l'origine (1), mais dont la laideur est trop évidente. L'*ortie de mer* est devenue l'*acalèphe ;* le *chardon,* une *acanthe,* et l'*épine-vinette,* une *oxyachante ;* l'âne qui broute en remuant les oreilles reçoit la qualification pompeuse d'*acanthophage.*

Sous le nom de *zoologie,* l'histoire naturelle s'est glorifiée, comme la botanique, d'un mépris complet pour la langue populaire et raisonnable : l'*espadon* est promu à la dignité de *xiphias* et le *raveçon* devient un *uranoscope,* de sorte qu'on doute si ce poisson n'est pas plutôt une lunette

(1) C'est sans doute de l'arabe d'officine. Hadrianus Junius le cite comme synonyme de *halicacabus* et lui donne pour correspondants en français (XVIe siècle) : *coquerets, coulebobes, alquequanges, baguenaudes.*

d'approche; les *fourmiliers* sont des *oryctéropes;* les *crabes*, des *ocypodes;* les *chauves-souris*, des *chéiroptères ;* traduit bien soigneusement en gréco-français, le *fourmi-lion* (1) devient le *myrméléon*.

Il y a un oiseau que Buffon appelle *courlis de terre* ou *grand pluvier;* Belon, pour le mieux caractériser, adopte le terme populaire, *jambe enflée*, lequel est fort juste, puisque ce pluvier est remarquable par un renflement particulier de la jambe au-dessus du genou. Une telle bonhomie a choqué les naturalistes modernes et ils ont traduit soigneusement en grec *jambe enflée*, ce qui a donné le mot charmant *œdicnème*. Ce sont les mêmes ravageurs qui baptisèrent brutalement *orthorrhynque* le miraculeux *oiseau-mouche*, la petite chose ailée par excellence, et dont on disait jadis qu'il vole sans jamais se reposer, qu'on croyait dénué de pattes, parce que les Indiens qui le capturaient les enlevaient si adroitement que toute trace de la blessure avait disparu ! Une histoire naturelle pour les enfants commence ainsi un chapitre : « Le nom

---

(1) Sur ce mot voir plus loin, page 209.

du *chœropotamos* vient de deux mots grecs, *choiros*, porc, et *potamos*, rivière. » N'est-elle pas amusante cette explication, qui répète sans doute littéralement le raisonnement du savant inventeur de ce mot grotesque? Mais ni le savant ni personne n'ont jamais songé combien il serait simple, clair et logique, et économique de dire, avec naïveté : *porc de rivière*. Ensuite les Grecs pourront traduire cela en grec, les Anglais en anglais, les Allemands en allemand; cela ne nous regarde pas.

Outre sa nomenclature, où je veux encore relever quelques mots galants tels que *chondroptérygien* et *macrorrhynque* (comment des créatures humaines ont-elles pu émettre de tels sons (1), volontairement?), l'histoire naturelle possède une langue générale dont elle a malheureusement imposé l'usage aux historiens et aux critiques. En voici un aperçu :

Anthropozoologique (2)   Morphologie

(1) En astronomie, le terrible *sizygie* est à peu près impossible à prononcer; on le croirait inventé pour quelque « jeu de société », comme *Gros gras grain d'orge, quand te dégrograindorgeriseras-tu ?*
(2) J'ai relevé ce mot et le suivant, car il s'agit de les prendre en des livres de littérature, dans une étude de M. Faguet sur les fables de La Fontaine. Je prends la plupart des autres dans

Anthropomorphique Chorographie.
Anthropolologie (?) Sociologiquement
Anthropopithèque Paléoethnologie
Dolichocéphale Mammologique
Mésaticéphale Leptorrhinienne
Brachycéphale Néolithique
Hyperdolychocéphalique Néanderthaloïdes
Brachychéphalisante Protohistorique
Bi-zygomatique Troglodytes
Eugénésique Mégalithiques
Microorganisme Métazoaire
Microbiologie Protozoaire
Bio-sociologique Hyperzoaire

Quelques-uns de ces mots sont d'une laideur neutre et bête; les autres sont hideux à dégoûter de la science et de toute science. Buffon cependant, qui avait du génie, a écrit sur

un excellent livre de M. Jean Laumonier, *la Nationalité française. II. les Hommes.* On les trouverait également épars en des centaines, en des milliers d'ouvrages récents et jusque dans les romans à prétentions scientifiques. Beaucoup sont usuels : ils n'en sont pas meilleurs. Cette liste montrera l'étendue et la gravité du mal qui opprime la langue française. Nodier disait déjà, en 1828 : « La langue des sciences est devenue une espèce d'argot moitié grec, moitié latin... Il faut prendre garde de l'introduire dans la littérature pure et simple... « Le mal est fait. Le même Nodier fait remarquer, quoique bien respectueux du grec, combien il est ridicule et impropre de dire en français *alphabet* au lieu de *abécé* ou *abécédaire*, selon les cas. (*Examen critique des Dictionnaires.*)

l'homme tout un volume, encore scientifiquement valable, et dans une langue qu'un enfant de douze ans comprend à la première lecture. La notion contenue dans *hyperdolychocéphale* n'est pas de celles dont l'importance puisse justifier la méchanceté du mot.

Le grec admettait des combinaisons de lettres que nous ne pouvons plus juger, la prononciation ancienne nous étant inconnue ou mal connue. C'est pourquoi aucun mot grec, ni même les noms propres, ne peut être transposé littéralement en français. J'ignore comment les Grecs articulaient Ἡρακλῆς, mais certainement ils ne disaient pas *Hèraklès*. *Hercule* n'est pas une transcription beaucoup moins exacte. Du xive au xviie siècle, le français, alors si puissant, avait dompté et réduit au son de son oreille presque tous les noms grecs historiques. C'est de cette époque que datent *Troie, Ulysse, Hélène, Achille, Cléopâtre, Thèbes,* qu'on a voulu réformer plus tard et arracher de la langue en les écrivant *Troiè, Odysseus, Hélénè, Akhilleus, Cléopatrè, Thébè*. Quant à la nécessité de différencier Ποσειδῶν d'avec Neptunus, elle est certaine ; là, on pourra peut-être innover, mais en se souvenant que notre langue est latine et que la transcription latine de ποσειδων est *Posidion* (1). Il faut beaucoup de tact et beaucoup de prudence pour franciser des mots grecs, sans offenser à la fois le grec et le français.

(1) Nom de plusieurs villes et, en particulier, nom ancien de Catomeria, dans l'île de Chio : Posidion.

CHAPITRE IV

La langue française et la Révolution. — Le jargon du système métrique. — La langue traditionnelle des poids et mesures. — La langue des métiers : la maréchalerie, le bâtiment, etc. — Beauté de la langue des métiers, dont l'étude pourrait remplacer celle du grec.

Victor Hugo se vantait d'avoir libéré tous les mots du dictionnaire. Il songeait aux mots anciens qui sont beaux comme des plantes sauvages et de même origine naturelle et spontanée. Mais son génie d'anoblir les moindres syllabes eût échoué devant les monstres créés par la Révolution(1); il eût échoué et il eût reculé devant *millilitre, décistère* et *kilo!*

(1) Il y a une création contemporaine de la Révolution qui a généralement échappé à toute critique, c'est, dans le Calendrier républicain, les noms des mois de l'année. Et en effet la beauté de ces douze mots est vraiment originale ; on ne peut rien reprendre dans leur sonorité et presque rien dans leur forme. Ce presque rien concerne *nivôse, vendémiaire, messidor* et *thermidor*, mots qui n'ont aucun sens en français, tandis que *brumaire*, par exemple, ou *prairial*, ou *ventôse* sont de tout point parfaits.

Je n'ai pas qualité pour juger des avantages offerts par le système métrique, ni pour affirmer que la routine des Anglais ait entravé leur développement commercial et restreint leur expansion dans le monde. Il ne s'agit en cette étude que de la beauté verbale et je dois me borner à chercher si le mot *grain* est moins beau que le mot *décigramme*, si l'extraordinaire *kilo* n'est pas une perpétuelle insulte au dictionnaire français (1).

Cette abréviation, plus laide encore que le mot complet, est fort usitée ; *kilo* et *kilomètre* sont même à peu près les deux seuls termes usuels que le système métrique ait réussi à introduire dans la langue, puisque *litre* sous cette forme et sous celle de *litron* existait déjà en

---

Ah ! que l'auteur de cette merveille n'a-t-il été chargé de la nomenclature du système métrique ! Peut-être, aussi bien, n'avait-il que cela à dire dans sa vie, car si c'est le même Fabre d'Églantine qui imagina les *primidi, duodi, tridi*, il faut avouer que là il ne fut pas très heureux. D'ailleurs, malgré leur grâce ou leur langueur, ni *prairial*, ni *brumaire* n'auraient pu, de longtemps, évoquer tout ce qu'il y a pour nous dans le triste octobre ou dans le clair mai :

Tunc etiam mensis madius florebat in herbis. (xii° siècle.)

(1) Francis Wey s'est amusé à substituer, en des phrases de conversation, certains de ces mots aux mots traditionnels, *décagramme*, par exemple, à *once* : « Elle ne pèse pas un décagramme ! »

français (1). En 1812, devant la répugnance bien naturelle du peuple, on dut permettre le retour des anciens mots proscrits qui s'adaptèrent désormais à des poids et à des mesures conformes à la loi nouvelle. Il restait à adoucir la théorie, comme on avait adouci la pratique et à faire rentrer dans l'enseignement primaire les termes français chassés au profit du grec; on ne l'a pas osé et l'on continue à enseigner dans les écoles toute une terminologie très inutile et très obscure. Aujourd'hui comme durant tous les siècles passés, le vin se vend à la *chopine*, au *demi-setier*, au *verre;* et dans les provinces les vieux mots *pots, pinte, poisson, roquille, demoiselle* et bien d'autres sont toujours en usage ; *pièce, foudre, velte, queue, baril, pipe, feuillette, muid, tonneau, quartaut* n'ont point capitulé devant *hectolitre*, ni *boisseau*, ni *barrique*, ni *hotte*. En Normandie le mot *hectare* est tout à fait incompris, hormis des instituteurs primaires : là, comme sans doute dans les autres provinces, le champ du paysan s'évalue en *acres,*

---

(1) *Litre*, au sens de bande de couleur noire, est identique à *liste* (anciennement *listre*), du vieux haut-allemand *lista*). Le *litron* était la seizième partie du boisseau; son étymologie est incertaine.

arpents, journaux, perches, toises, verges et *vergées*. Les marins en sont restés à la *lieue*, à la *brasse*, au *mille*, au *nœud*, et plusieurs corps de métier, notamment les imprimeurs, pratiquent uniquement le système duodécimal, soit sous les noms de *point, ligne, pouce* et *pied*, soit au moyen d'un vocabulaire spécial. Qui entendit jamais prononcer le mot *stère?* Les bûcherons qui mesurent encore le bois au lieu de le peser se servent plus volontiers de la *corde*, et les auvergnats, de la *voie*. Cette racine inusitée n'en a pas moins fructifié : elle a donné *stéréotomie, stéréoscope, stéréotypie*, mots élégants et qui ont le mérite de prouver qu'il ne peut y avoir aucun rapport rationnel entre la signification et l'étymologie. Les pauvres enfants auxquels on a fait croire que les syllabes du mot *stère* contiennent l'idée de *solide* ne sont-ils pas tout disposés à comprendre *stéréoscope?* Heureusement que, moins respectueux que leurs maîtres, ils oublient bientôt ces mots absurdes ; les ouvriers *stéréotypeurs* n'ont pas tardé à imposer *clichage* et *cliché*.

En dehors du système officiel, *mètre* a été d'une terrible fécondité ; allié tantôt à un mot grec, tantôt à un mot latin, car tout est bon aux barbares qui méprisent la langue française, il donna une quantité de termes inutiles et déconcertants tels que *chronomètre*, *microchronomètre*, *célérimètre* (que l'instinct a tout de même éliminé pour prendre *compteur*), *anthropométrie*. Ce dernier mot est d'autant plus mauvais qu'il ne dit rien de plus que *mensuration*, doublet du vieux *mesurage*, malheureusement dédaigné. On prépare pour l'Exposition une grande carte des récifs et des profondeurs des côtes de France ; ce titre donnerait une bien médiocre idée des talents de l'auteur ; aussi a-t-il dénommé sa carte *lithologico-isboathométrique*. Voilà qui est sérieux.

Le système métrique pouvait très bien se concilier avec le vocabulaire traditionnel ; c'est ce qui est advenu dans la pratique de la vie, et encore que les lois (singulières tracasseries !) défendent d'imprimer le mot *sou* dans une indication de prix, peu de gens se sont encore résignés à appeler ce pauvre sou proscrit autrement que par son nom unique et vénérable. Comme les Poids et Mesures, la plupart des métiers ont eu à subir l'assaut du gréco-français, mais la plupart ont assez bien résisté, opposant au pédantisme la richesse de leurs langues spéciales créées bien avant la vulgarisation du grec. Sauf quelques mots par lesquels d'académiques vétérinaires voulurent glorifier leur profession, la maréchalerie se sert d'un dictionnaire entièrement français, ou francisé selon les bonnes règles et les justes analogies; parmi les plus jolis mots de ce répertoire peu connu figurent les termes qui désignent les qualités, les vices ou la couleur des chevaux; *azel, aubère, balzan, alzan, bégu, cavecé, fingart, oreillard, rouan, zain*. Récemment la racine ιππος est venue donner naissance, d'abord à l'*hippologie* (qui n'est autre que la *maréchalerie*), puis à l'*hippophagie*; les palefreniers sont devenus très probablement des *hippobosques* et enfin, ceci est plus certain, la colle faite avec la peau du cheval a pris le nom magnifique d'*hippocolle*. Ce mot n'est-il pas un peu trop gai pour sa signification?

La vénerie et le blason possèdent des langues entièrement pures et d'une beauté parfaite; mais il m'a semblé plus curieux de choisir comme type de vocabulaire entièrement français celui d'une science plus humble, mais plus connue, celui de l'ensemble des corps de métier nécessaires à la construction d'une maison. Que l'on parcoure donc « le Dictionnaire du constructeur, ou vocabulaire des maçons, charpentiers, serruriers, couvreurs, menuisiers, etc. (1) », et l'on verra que tous les outils, tous les travaux de tous ces ouvriers ont trouvé dans la langue française des syllabes capables de les désigner clairement. La lente organisation d'une telle langue fut un travail admirable auquel tous les siècles ont collaboré. Elle est faite d'images, de mots détournés d'un sens primitif et choisis pour un motif qu'il est souvent difficile d'expliquer. Voici quelques-uns de ces termes dont plusieurs sont familiers à tous sous leur double signification : *marron, talon, barbe, jet-d'eau, valet, chevron, poutre, dos-d'âne, poitrail, corbeau, œil-de-bœuf, gueule-de-loup, tête-de-mort, queue-de-carpe*, et tous noms d'engins destinés à soulever des fardeaux : *bélier, mouton, moufle, grue, chèvre, vérin* (2). Le nom de *jet-d'eau* donné à une sorte de rabot est fort joli par l'image évoquée des copeaux qui surgissent au-dessus du contre-fer ; il sem-

(1) Par L.-Pernot (1829).
(2) S'il faut le rattacher au latin *verrem*.

ble nouveau dans cette signification (1), mais la langue des métiers toujours vivante et si inconnue est en perpétuelle transformation. Je ne suis pas éloigné de songer qu'il serait plus utile de faire apprendre aux enfants les termes de métier que les racines grecques (2); leur esprit s'exercerait mieux sur une matière plus assimilable, et si l'on joignait à cela des exercices sur les mots composés et les suffixes, peut-être prendraient-ils plus de goût et quelque respect pour une langue dont ils sentiraient la chaleur, les mouvements, les palpitations, la vie.

(1) Il figure avec un autre sens dans le dictionnaire de Pernot, ainsi que *gueule-de loup* et *riflard,* autres outils de menuisier.

(2) « Furetières avait raison de regretter le nom énergique d'*orgueil*, employé par les ouvriers pour désigner l'appui qui fait dresser la tête du levier, et que les savants appelaient du beau nom d'*hypomoclion*. » Marty-Laveaux, *De l'enseignement de notre langue* (1872). — On se souvient des conseils donnés par Ronsard dans son *Art poétique* : « Tu practiqueras bien souvent les artisans de tous mestiers... »

CHAPITRE V

Les mots gréco-français jugés d'après leur forme et leur sonorité. — Comment le peuple s'assimile ces mots. — Rejet des principes etymologiques. — L'orthographe et le « fonétisme ».

Tout n'est pas mauvais dans les récents langages techniques. Naguère, obligée à des abréviations par la longueur hostile de certains vocables, la chimie a dû adopter, pour signifier tout un ensemble de combinaisons complexes, tel suffixe assez heureux. Sur l'analogie de *vitriol* nous avons vu naître *aristol, formol, menthol, goménol,* mots très acceptables et d'une bonne sonorité. Ainsi, après avoir réprouvé les très anciens termes *couperose, nitre, esprit-de-sel, vitriol,* pour leur substituer sulfate de cuivre, azotate de potasse, acide chlorhydrique, acide sulfurique, les chimistes ont dû, tout comme les alchimistes, négliger dans le mot nouveau la notation des éléments combinés dans la matière nouvelle. Ce retour à l'instinct est un grand progrès linguistique. Des suffixes en *ose*, la chimie et la médecine ont créé les mots dont *glucose, amaurose* sont des types assez bons et qui démontrent qu'avec un peu de goût la formation savante serait maniable sans danger pour la langue. Enfin tous les vocabulaires techniques ont trouvé dans le grec des mots faciles à franciser et immédiatement acceptables ; je citerai *glène, galène, malacie, lycée, mélisse*, en renvoyant aux premières pages de cette étude où l'on trouvera les raisons de leur beauté analogique.

Ils ont une forme heureuse, mais par hasard ; et pourtant tout mot grec aurait pu devenir français si l'on avait laissé au peuple le soin de l'amollir et de le vaincre.

Asthme figure dans la langue depuis plusieurs siècles, ainsi que la *phthisie* (ou *phtisie*, avec une incorrection), mais l'usage les avait très heureusement déformés en *asme* et en *tésie* (1) ; c'est d'ailleurs pour nos organes une nécessité

(1) *Etique*, déformation de *hectique*, est resté dans la langue. On trouve aussi *tisie*. Hadrianus Junius traduit *tabes* par *l'éticque* ou *tisie*. La *térébenthine* était devenue joliment *tourmentine* (*Dictionnaire* de Wailly).

que cet adoucissement. Les almanachs de l'école de Salerne avaient encore popularisé *apoplexie, paralysie, épilepsie, anthrax*, mais la langue ne les avait admis qu'avec des modifications considérables : *popelisie, palacine, épilencie, antras*, mots excellents et très aptes à signifier clairement les maladies qu'ils représentent (1).

Nous sommes devenus trop respectueux et trop timides pour que l'on puisse conseiller aujourd'hui de soumettre à ce traitement radical les mots gréco-français du répertoire verbal; il faut cependant trouver à leur laideur quelques palliatifs.

Le premier remède sera de rejeter tous les principes de l'orthographe étymologique et de soulager les mots empruntés au grec de leurs vaines lettres parasites. Un mot étranger ne peut devenir entièrement français que si rien

(1) Au xvii° siècle, le français tendait à s'assimiler même certains mots maniés par les seuls lettrés. Une mazarinade porte ce titre : Rymaille des plus célèbres *Bibliotières* (bibliothèques). On a dit et on dit encore, en Normandie, au Canada : *Eclipe* pour éclipse, *catéchime*, pour catéchisme. Le peuple de Paris essaie de donner une forme aux mots grecs; il prononce : *chirugie* et *chérugie, panégérique, farmacerie, plurésie, rachétique, rumatisse, cangrène, cataplàsse, cataclisse*, etc.. La tendance à réduire les finales *isme* et *asme* à *ime* ou *isse* et *âme* ou *asse* est toujours active en français.

ne rappelle plus son origine ; on devra, autant que possible, en effacer toutes les traces. Les mots latins francisés par le peuple n'ont souvent gardé aucun signe de leur naissance; on n'aperçoit pas, au premier coup d'œil, *libella* dans *niveau*, *catellus* dans *cadeau*, *muscionem* dans *moineau* (1), *patella* dans *poële*, *aboculus* dans *aveugle*. Ces déformations, qui sont très régulières, si elles ne peuvent plus servir d'exemples pour l'incorporation actuelle des mots étrangers, enseigneront cependant le mépris de ce qu'on appelle les lettres étymologiques.

Je ne crois pas qu'il soit possible ni utile de modifier la forme des mots latins anciennement francisés par les érudits, ni, sous prétexte d'alignement, de biffer certaines lettres doubles, de remplacer les *g* doux et les *ge* par les *j*, ni enfin de faire subir à l'orthographe aucune des modifications radicales et maladroites préconisées par les « fonétistes ». Il faut accepter la langue sous l'aspect que lui ont donné quatre siècles d'im-

(1) Généalogie de *moineau: musca* (mouche), *muscio* [*ne*], *moisson, moissonnel, moisnel, moineau*. Le mot n'a, contrairement à l'opinion populaire, aucun rapport avec *moine* (du latin *monachus*). *Moine* a donné son diminutif, *moinillon*, sur l'analogie de *oisillon. Moineau* signifie proprement *oiseau-mouche*.

primerie, et que le journal vulgarise depuis cinquante ans. Nul ne peut consentir, qui aime la langue française, à écrire *fam, ten, cor, om,* pour *femme, temps, corps, homme.* Si l'on voulait réaliser la prétention des réformistes et écrire les mots exactement comme ils se prononcent, chaque lettre n'ayant qu'une valeur et chaque son étant représenté par une lettre unique, il ne faudrait pas moins de 50 signes différents attribués à 27 consonnes et à 23 voyelles pures; sans compter les voyelles nasales, ce qui porterait à 58 le chiffre total des lettres de l'alphabet français. M. Paul Passy se sert de 42 signes dans sa *Méthode phonétique* élémentaire ; c'est suffisant, mais non scientifique (1). Une analyse un peu minutieuse des sons de la langue française ne pourrait s'établir à moins d'une centaine de lettres ; et il faudrait constamment refondre cet alphabet modèle, car les sons changent : tantôt une lettre perd un son, tantôt elle en gagne un autre. Le bref alphabet latin, par ses combinaisons infinies, est apte à rendre toute les nuances de la voix et toutes les demi-

(1) Poussée à l'extrême, cette analyse minutieuse révèle en français 43 nuances différentes de son pour la seule voyelle *o*.

nuances d'une prononciation infiniment variable : on ne fait pas entendre les deux *tt* dans *littéral, littérature,* mais on en fait peut-être entendre un peu plus d'un seul, un et une fraction impondérable. Quel signe pourra fixer l'insaisissable nuance ? Est-on sûr que *bèle* soit l'exact équivalent phonétique de *belle,* que *frè* remplace *frais ?* L'*e* muet, quoiqu'il ne se prononce plus dans la plupart des cas, a gardé une valeur de position ; il est impossible, comme le veulent les phonétistes, de le supprimer de la langue française. L'orthographe ne doit pas plus se conformer à la prononciation que la prononciation à l'orthographe.

CHAPITRE VI

Réforme des mots grecs-français. — Les lettres parasites et les groupes arbitraires (ph, ch). — Liste de mots grecs réformés. — La Cité verbale et les mots insolites. — Dernier mot sur le « fonétisme ». — La liberté de l'orthographe.

Il n'y a à cette heure que deux réformes à faire dans l'orthographe : l'une concerne les mots grecs ; l'autre, les mots étrangers.

Les deux questions sont distinctes. Je parlerai des mots étrangers dans un autre chapitre.

Les mots grecs imposés au dictionnaire français perdraient une partie de leur laideur pédante si on les soumettait à une simple opération de nettoyage.

Il faut supprimer : toutes les lettres qui ne se prononcent pas; toutes celles qui aspirent inutilement la consonne qu'elles précèdent; il faut aussi remplacer les *ph* par des *f*, les *y* par des *i* et écrire par *qu* les *k* et les *ch* durs (1).

La suppression des lettres purement parasitaires est en train depuis la seconde moitié du xviie siècle. M. Gréard l'a reconnu dans un rapport sur la réforme de l'orthographe : si l'on écrit *rapsode, trésor, trône*, il n'y a aucun motif raisonnable d'écrire *chrome, rhododendron, thésauriser* (2).

Les consonnes aspirantes seraient plus difficiles à éliminer. Cependant *phtisie* est inadmissible et *ftisie* ne l'est guère moins; il faudrait ici se guider sur l'analogie, sur l'italien, sur l'ancienne langue (3), et dire *tisie*.

Remplacer *ph* par *f* : la réforme est faite pour *fantôme, fantaisie;* elle s'appliquera à tous les mots analogues avec la même facilité. Les *y* deviendront très aisément des *i*, et l'on

---

(1) Sur le *ch* dur, Vaugelas, très respectueux de l'étymologie, est cependant intraitable. Il veut que « chaque lettre soit maîtresse chez soi », c'est-à-dire qu'on n'écrive pas *ché* une syllabe qui doit se prononcer *qué*, parce que le *ch* français n'a qu'un seul et unique son. L'honnête Vaugelas appelle le *ch* dur un piège tendu à toutes les femmes et à tous ceux qui ne savent pas le grec.

(2) A Paris, le peuple a résolu la question, en ce qui touche à ce dernier mot; il dit *trésoriser*, sans malice, mais qu'elle est bonne, cette leçon de l'instinct!

(3) Voir la note page 63.

écrira *sinfonie, sinonime, stile,* comme on écrit déjà *cimaise.*

J'ose à peine dire que *kilo, kyste* deviendraient français sous la forme *quiste, quilot;* cela est trop évident et trop simple pour qu'on l'admette. Peut-être redoutera-t-on pareillement d'écrire *arquiépiscopal.* Devant *a, o, u,* le *qu* deviendrait naturellement *c: arcange.*

Voilà toutes mes propositions touchant la réforme des mots grecs. J'estime qu'en diminuant la laideur de ces mots elles augmenteraient d'autant la beauté de la langue française (1).

Quel rajeunissement pour ces vocables barbares (j'en nommerai quarante) d'avoir été taillés comme des vieux arbres trop chargés de bois mort ! Souvent il suffira d'une lettre de moins pour que le mot rentre dans les conditions normales de la beauté linguistique. Sans doute aucun élagage, si rigoureux qu'il soit, ne donnera aux mots grecs la pureté de lignes qu'ils auraient acquise en passant par la forge populaire. De φυλακτηριον nous ne pouvons plus faire sortir que *filactère,* qui garde un air

---

(1) Sur le principe même des modifications orthographiques, se reporter à la *Préface.*

un peu gauche, surtout si on le compare au vieux *filatire* (1) que le pèlerin Richard avait au XIIe siècle tiré des mêmes syllabes :

A crois, a filatires, a estavels de cire,
Les encensiers aportent, si vont le messe dire.

Voici des mots, avec leur état en italien :

Thyrse	Tirse	Tirso
Porphyre	Porfire	Porfirio
Nymphe	Nimfe, Ninfe (2),	Ninfa
Zéphyr	Zéfir	Zèfiro Zèffiro
Saphique	Safique	Saffico
Symphyse	Sinfise, Simfise	Sinfisi
Sympathique	Sinpatique	Simpatico
Typographie	Tipografie	Tipografia
Orthographe	Ortografe (3)	Ortografia
Esthétique	Estétique	Estetica
Technique	Tecnique	Tecnico
Thrasybule	Trasibule	
Typhon	Tifon	Tifone
Polythéisme	Politéisme	Politeismo
Philosophie	Filosofie	Filosofia
Phosphore	Fosfore	Fosforo
Phtisie	Tisie	Tisi
Gymnosophiste	Gimnosofiste	Ginnosofista

(1) *Reliquaire*, venu de l'idée de préservation. De la même idée le gréco-français a fabriqué *prophylaxie*.
(2) On peut conserver l'*m*. Voir la note 3, page 72.
(3) Les phonétistes emploient le mot *grafie*.

Hydrophobie	Hidrofobie (1)	Idrofobia
Hydrothérapie	Hidrotérapie	Idroterapia
Ichthyophage	Ictiofage	Ittiofago
Isthme	Isme	Ismo
Asthme	Asme	Asma
Kilogramme	Quilogramme	Chilogrammo (2)
Lycanthropie	Licantropie	Licantropia
Métaphysique	Métafisique	Metafisica
Mythologie	Mitologie	Mitologia
Ophthalmie	Oftalmie	Oftalmia
Autochtone	Autoctone	Autoctono
Chlorose	Clorose	Clorosi
Chrysanthème	Crisantème	Crisantemo
Christianisme	Cristianisme	Cristianismo
Cynocéphale	Cinocéfale	Cinocefalo
Syllabe	Sillabe	Sillaba
Dithyrambe	Ditirambe	Ditirambo
Ecchymose	Equimose	Ecchimosi
Euphrosyne	Eufrosine	Eufrosina
Phrase	Frase	Frase
Thym	Tym (3)	Timo

On voit qu'il s'agit seulement de franciser des

(1) On peut conserver l'*h* initiale de ces mots commençant en grec par ὑ, non par respect pour le grec, mais pour varier les formes.

(2) *Ch* italien équivaut à notre *qu* (dans *qualite*).

(3) L'*y* n'est pas inutile dans ces mots très courts dont il consolide la forme un peu frêle. Il était indispensable à *lys*, qu'il faut toujours écrire ainsi, quoiqu'il vienne régulièrement du bas latin *lilius*. *Nymfe* peut aussi garder son *y*, et aussi *Tyrse*.

mots insolites, de les achever au moyen de retouches, de les polir par le sacrifice de quelques excroissances. Il y a loin de ces petits travaux de jardinage au bouleversement entrepris par certains réformateurs que l'ignorance du vieux français rend tout à fait impropres à concilier la beauté traditionnelle avec la beauté d'utilité. Le mot étant un signe, et rien de plus, doit avoir les caractères du signe, la diversité et la fixité des formes. Sans doute on peut écrire *poto*, *rato*, *gato*, *morso*, *nivo*, sous prétexte que dans ces mots le son final est rendu plus nettement et plus clairement par *o* que par *eau*. Dans l'absolu, c'est vrai; mais les langues ne sont pas dans l'absolu, puisqu'elles vivent, se meuvent, s'accroissent, meurent.

Il y a dans les langues une beauté visible que l'on diminue en introduisant dans la cité verbale des figures étrangères, des voix dissonantes. Les mots grecs : il semble que, vomis par les cartons de Flaxman, des guerriers vêtus d'un seul casque à balai fassent la cour à des marquises ou à des grisettes; qu'ils rentrent dans leurs cartons, qu'ils réintègrent leurs musées et continuent, rouges autour des vases noirs, leurs éternels gestes, ou que, résignés à la loi du milieu, ils se fassent, par le costume et par l'accent, les fils du peuple où ils se sont introduits. Mais cette beauté du vocabulaire, on ne la diminue pas moins en proscrivant la variété individuelle dans la permanence du type, et c'est là l'erreur des phonétistes (1) et le danger de leurs théories. Si, pour ne pas changer d'exemple, tous les sons en *o* étaient rendus par l'unique lettre *o*, outre que la langue perdrait un de ses caractères particuliers qui est de ne posséder aucune syllabe finale terminée par un *o*, il en résulterait une monotonie insupportable. Il faut encore observer que le signe *eau* contient une force secrète rigoureusement attachée au groupe des trois lettres qui le déterminent; il représente à la fois le son *o* et le son *el* (2). *Niveau* est, tout aussi bien que l'italien *livello*, la figure exacte du latin *libella*; il a été *nivel*, et, comme tel, a donné *niveler*; mais sa forme *niveau* l'aurait donné tout aussi bien, comme *taureau* a suggéré récemment *taurelle*.

Il y a des réformateurs plus modérés et dont

(1) Il ne s'agit pas des savants qui étudient la phonétique.
(2) Sauf exception.

le but, purement utilitaire, est de rendre le français plus accessible aux étrangers; leurs principes sont ceux qui ont guidé jadis l'Académie espagnole quand elle simplifia la vieille orthographe; j'ai donné les motifs à la fois de science et d'esthétique qui ne me permettent pas de les accepter. Je considère comme intangibles la forme et la beauté de la langue française, et si je livre à la serpe la plupart des mots grecs et des mots étrangers, c'est précisément pour leur donner la beauté qui leur manque.

Une orthographe fixe est nécessaire. La permanence des signes imprimés a certainement été un grand progrès. Il est évident que cette permanence n'est pas grandement troublée quand on supprime un des *p* d'*appréhension* ou quand on transforme en *è* le second *é* d'*événement;* le seul danger est qu'une licence n'en amène une autre et que l'orthographe ne devienne tellement personnelle que la moindre lecture exige un travail de déchiffrement. M. Anatole France a défendu le droit à la « faute d'orthographe » sous toutes ses formes et avec toutes ses fantaisies : c'est une question absolument différente. Il est aussi déraisonnable d'exiger de tous la connaissance de l'orthographe que la connaissance du contre-point ou de l'anatomie comparée. L'étude des formes verbales n'en est pas moins légitime, ainsi que le souci de la conservation de la pureté qui détermine leur caractère et leur race.

CHAPITRE VII

Le latin, tuteur du français. — Son rôle de chien de garde vis-à-vis des mots étrangers. — Les peuples qui imposent leur langue et les peuples qui subissent les langues étrangères. — Peuples et cerveaux bi-lingues.

Le français, depuis son origine, a vécu sous la tutelle du latin. Sa naissance a été latine ; son éducation a été latine ; et jusque pendant sa maturité, si on doit supposer qu'il la vit depuis trois siècles, l'appui et les conseils du latin l'ont suivi pas à pas : le latin a toujours été la réserve et le trésor où il a puisé les ressources qu'il n'osait pas toujours demander à son propre génie. C'est un fait, mais non une nécessité. Les langues une fois formées peuvent se suffire à elles-mêmes ; quoique l'on n'ait pas d'exemple certain, parmi les parlers civilisés, d'une telle scission et d'un tel isolement, on supposera très logiquement que le dialecte de l'Ile-de-France, tout d'un coup privé du latin, se soit développé et ait atteint sa parfaite virilité à l'abri de l'influence extérieure. Si le latin avait péri au xe siècle, le français, sans être radicalement différent de la langue que nous parlons aujourd'hui, tout en possédant le même fonds de mots usuels, tout en usant d'une pareille syntaxe, aurait cependant évolué selon d'autres principes. Il est très probable qu'il serait devenu presque entièrement monosyllabique, suivant sa tendance initiale toujours combattue par la présence du latin, et d'un latin particulier dont la tendance contraire allongeait les mots par l'accumulation des suffixes.

Sous cette forme supposée, la langue française aurait eu un caractère très original, très pur, et peut-être faut-il regretter la longue tutelle qu'elle a subie au cours des siècles. Peut-être ; à moins que la présence du latin n'ait été au contraire particulièrement bienfaisante ; à moins que, comme un vigilant chien de garde, le latin, posté au seuil du palais verbal, n'ait eu pour mission d'étrangler au passage les mots étrangers et d'arrêter ainsi l'invasion qui, à l'heure actuelle, menace très sérieusement de déformer sans remède et d'humilier au rang de patois notre parler orgueilleux de sa noblesse et de sa beauté.

Je crois vraiment qu'en face de l'anglais et de l'allemand le latin est un chien de garde qu'il faut soigner, nourrir et caresser. Ou bien l'enseignement du latin sera maintenu et même fortifié par l'étude des textes de la seconde et de la troisième latinité; ou bien notre langue deviendra une sorte de *sabir* formé, en proportions inégales, de français, d'anglais, de grec, d'allemand, et toutes sortes d'autres langues, selon leur importance, leur utilité, ou leur popularité. Nous avons de tout temps emprunté des mots aux divers peuples du monde, mais le français possédait alors une volonté d'assimilation qu'il a négligée en grande partie. Aujourd'hui le mot étranger qui entre dans la langue, au lieu de se fondre dans la couleur générale, reste visible comme une tache. L'enseignement des langues étrangères nous a déjà inclinés au respect d'orthographes et de prononciations qui sont de vilains barbarismes pour nos yeux et nos oreilles. Si à dix ans de latin on substituait dans les collèges dix ans d'anglais et d'allemand ; si ces deux langues devenaient familières et aux lettrés de ce temps-là et aux fonctionnaires et aux commerçants ; si, par l'utilité retirée tout d'abord de ces études, nous étions parvenus à l'état de peuple bilingue ou trilingue ; si encore nous faisions participer les femmes et — pourquoi pas ? — les paysans et les ouvriers à ces bienfaits linguistiques, la France s'apercevrait un jour que ce qu'il y a de plus inutile en France, c'est le français. Cependant, chacune des quatre régions frontières ayant choisi de penser dans la langue du peuple voisin, peut-être resterait-il vers le centre, aux environs de Guéret et de Châteauroux, quelques familles farouches où se conserveraient, à l'état de patois, les mots les plus usuels de Victor Hugo.

Ce serait la seconde fois que pareille aventure aurait pour théâtre le sol de la Gaule. Comme les contemporains de M. Jules Lemaître, les petits-fils de Vercingétorix s'avisèrent que le celte était une langue sans utilité commerciale ; ils apprirent le latin très volontiers. Ceux qui résistèrent à l'esprit du siècle se retirèrent dans l'Armorique ; leur entêtement a légué au français environ vingt mots (1) : c'est tout ce qui reste des dialectes celtiques parlés en Gaule, puisque les Bretons d'aujourd'hui sont des immigrés gallois.

Une langue n'a pas d'autre raison de vie que son utilité. Diminuer l'utilité d'une langue, c'est diminuer ses droits à la vie. Lui donner sur son propre territoire des langues concurrentes, c'est amoindrir son importance dans des proportions incalculables.

Il y a deux sortes de peuples : ceux qui imposent leur langue et ceux qui se laissent imposer une langue étrangère. La France a été longtemps le peuple de l'Europe qui imposait sa langue ; un Français d'alors, comme un Anglais d'aujourd'hui, ignorait volontairement les autres langues d'Europe ; tout mot étranger était pour lui du jargon et quand ce mot s'imposait au vocabulaire, il n'y entrait qu'habillé à la française. Allons-nous, sur les conseils des comités coloniaux, devenir une nation polyglotte, sans même nous apercevoir que cela serait un véritable suicide linguistique, et demain un suicide intellectuel ?

(1) Et une quantité assez considérable de noms de lieux, fleuves et monts.

Je n'ai pas le courage de défendre avec enthousiasme, comme M. Jules Lemaître, « le règne définitif de l'industrie, du commerce et de l'argent » (1); je ne saurais calculer ce que vaut — valeur marchande — la parfaite connaissance de l'anglais, de l'allemand ou de l'espagnol ; ma vocation est de défendre, par des œuvres ou par des traités, la beauté et l'intégrité de la langue française, et de signaler les écueils vers lesquels des mains maladroites dirigent la nef glorieuse. Vilipender les langues étrangères n'est pas mon but, non plus que de déprécier le grec ; mais il faut que les domaines linguistiques soient nettement délimités : les mots grecs sont beaux dans les poètes grecs et les mots anglais dans Shakespeare ou dans Carlyle.

Un homme intelligent et averti peut savoir plusieurs langues sans avoir la tentation d'entremêler leurs vocabulaires ; c'est au contraire la joie du vulgaire de se vanter d'une demi-science, et le penchant des inattentifs d'exprimer leurs idées avec le premier mot qui surgit à leurs lèvres. La connaissance d'une langue étrangère

---

(1) Opinions à répandre : Contre l'Enseignement classique. — *Le Figaro*, 25 février 1898.

est en général un danger grave pour la pureté
de l'élocution et peut-être aussi pour la pureté
de la pensée. Les peuples bilingues sont presque
toujours des peuples inférieurs.

M. Jules Lemaître juge ainsi que du temps
perdu les années passées au collège à « ne pas
apprendre le latin » ; mais il ne s'agit pas d'apprendre le latin : il s'agit de ne pas désapprendre le français. Il vaut mieux perdre son temps
que de l'employer à des exercices de déformation intellectuelle. On a récemment insinué qu'un
bon moyen pour inculquer aux Français une
langue étrangère serait de les envoyer faire leurs
études à l'étranger. Les « petits Français » seraient remplacés en France par des petits Anglais, par des petits Allemands; ainsi chaque
peuple, oubliant sa langue maternelle, irait patoiser chez son voisin : système excellent, grâce
auquel les Européens, sachant toutes langues,
n'en sauraient parfaitement aucune.

Je résumerai en un mot ma pensée : le peuple
qui apprend les langues étrangères, les peuples
étrangers n'apprennent plus sa langue.

Mais ces considérations, sans être absolument
en dehors de mon sujet, s'éloignent de l'esthé-

tique verbale : il me faut maintenant étudier, comme je l'ai fait pour le grec, l'intrusion en français des mots étrangers, des mots anglais en particulier.

CHAPITRE VIII

Comment le peuple s'assimile les mots étrangers. — Liste de mots allemands, espagnols, italiens, etc., anciennement francisés. — Rapports linguistiques anglo-français. — Le français des Anglais et l'anglais des Français. — Les noms des jeux. — La langue de la marine.

Il est indifférent que des mots étrangers figurent dans le vocabulaire s'ils sont naturalisés. La langue française est pleine de tels mots : quelques-uns des plus utiles, des plus usuels, sont italiens, espagnols ou allemands.

Voici une nomenclature très abrégée des principaux emprunts directs de la langue française aux parlers les plus divers. Outre les mots venus à l'origine de l'ancien allemand, par l'intermédiaire du latin médiéval, l'allemand moderne a donné au français *flamberge, fifre, sabre, vampire, rosse, hase, bonde, gamin;* le flamand : *bouquin;* le portugais : *fétiche, ber-*

gamote, caste, mandarin, bayadère; l'espagnol : *tulipe, limon, jasmin, jonquille, vanille, cannelle, galon, mantille, mousse* (marine), *récif, transe, salade, liane, créole, nègre, mulâtre;* l'italien : *riposte, représaille, satin, serviette, sorte, torse, tare, tarif* (1), *violon, valise, stance, zibeline, baguette, brave, artisan, attitude, buse, bulletin, burin, cabinet, calme, profil, modèle, jovial, lavande, fougue, filon, cuirasse, concert, carafe, carton, canaille;* le provençal : *badaud, corsaire, vergue, forçat, caisse, pelouse;* le polonais : *calèche;* le russe : *cravache;* le mongol : *horde;* le hongrois : *dolman;* l'hébreu : *gêne;* l'arabe : *once, girafe, goudron, amiral, jupe, coton, taffetas, matelas, magasin, nacre, orange, civette, café;* le turc : *estaminet;* le cafre : *zèbre;* les langues de l'Inde : *bambou, cornac, mousson;* les langues américaines : *tabac, ouragan;* le chinois : *thé.*

Voilà des mots (et il y en a beaucoup d'autres)

---

(1) Venu de l'arabe par l'italien; peut-être de la ville de *Tarifa*, port que les Arabes d'Espagne avaient ouvert au commerce des chrétiens. *Tarif* était, encore au siècle dernier, un terme spécial de douane.

sans lesquels il serait difficile de parler français, et auxquels le puriste le plus exigeant n'oserait adresser aucun reproche ; ils sont presque tous entrés anciennement dans la langue, et c'est ce qui explique la parité de leurs formes avec celles des mots français primitifs. Si l'on descend au xixe siècle, la figure des mots étrangers, même les plus usuels, change et se barbarise. L'italien avait donné *brave*, il redonne *bravo* ; il donne : *imbroglio*, *fiasco* ; l'allemand ne nous communique plus que de féroces assemblages de consonnes : *kirsch* (1), *block-haus* (2) ; l'espagnol demeure trop visible dans *embargo* ; le russe dans *knout* et le hongrois dans *shako* (3). Mais c'est en étudiant l'anglais dans le français que l'on comprendra le mieux les dommages que peut causer à une langue devenue respectueuse, un vocabulaire étranger.

L'anglais nous a fourni un grand nombre de mots qui se comportent dans notre langue selon des modes assez différents. Les uns, en petit nombre, entrés par l'oreille, ont été naturelle-

(1) Aurait donné jadis : *Quirche*.
(2) Doublure inutile de *fortin*.
(3) Ces mots auraient donné au français d'il y a deux siècles *Noute* et *chacot*.

ment francisés puisque leur écriture figurative était ignorée ; celui qui les transcrivit le premier méconnut sans doute leur origine et les considéra comme des termes de métier. Aujourd'hui même la phonétique n'arrive pas toujours à retrouver leur source. Tels sont : *héler, poulie, taquet, toueur, beaupré, comité.* D'autres avaient été jadis donnés à l'Angleterre par la France ; ils ont repris assez facilement une forme française ; ainsi *trousse*, substantif verbal de *trousser* (*tortiare*), est devenu en anglais *truss* et nous est revenu *drosse* (terme de marine).

Les rapports linguistiques ont toujours été un peu tendus entre les deux pays. Ni un Français ne peut prononcer un mot anglais, ni un Anglais un mot français, et souvent les déformations sont extraordinaires. Lorsque le mot entre par l'écriture, il se francise à la fois de forme et de prononciation, ou de prononciation seulement. Le premier mode donne des mots d'un français parfois médiocre, mais tolérable : *boulingrin, bastringue, chèque, gigue, guilledin* (1), *bouledogue.* Quelques mots sont sur

---

(1) *Gilding* (hongre).

la limite de la naturalisation : les dictionnaires donnent déjà : *ponche, poudingue*. D'autres enfin s'écrivent en anglais et se prononcent en français : *club, cottage, tunnel, jockey, dogcart;* il est très probable qu'ils auraient fini par devenir *clube* (1), *cotage, tunel, joquet, docart*, si la Demi-Science et le Respect n'étaient d'accord pour s'opposer à leur déformation. Mais il y a de plus graves injures. Toute une série de mots anglais ont gardé en français et leur orthographe et leur prononciation, ou du moins une certaine prononciation affectée qui suffit à réjouir les sots et à leur donner l'illusion de parler anglais. Rien de plus amusant alors que de rebrousser le poil du snobisme (2) et de prononcer, comme un brave ignorant, *tranvé* et *métingue*. Ces mots sont d'ailleurs sur la limite et on ne sait encore ce qu'ils deviendront : *tramway* semble s'acheminer vers *tramoué*

---

(1) *Club*, prononcé à l'anglaise, est en train de mourir; l'instinct revient à *cercle*.

(2) *Snob* (qui devrait s'écrire *snobe*) et *snobisme* sont assez bien naturalisés. La signification française de *snob* est inconnue des Anglais. *Snob*, qui veut dire *cordonnier*, a pris pour eux le sens péjoratif qu'avait il y a quelques années le mot *épicier*.

plutôt que vers *tranvé* (1), quant à *meeting*, le peuple prononce résolument *métingue*, entraîné par l'analogie. Mais *steamer*, *sleeping*, *spleen*, *water-proof*, *groom*, *speech*, et tant d'autres assemblages de syllabes, sont de véritables îlots anglais dans la langue française. Il est inadmissible qu'on me demande de prononcer *prouffe* un mot écrit *proof*. Les architectes ont imité en France les fenêtres appelées par les Anglais *bow-window*; voilà un mot dont je ne sais rien faire. Jadis il serait devenu aussitôt *beauvindeau* (2); sa lourdeur aurait pu choquer, mais non sa forme. Il était d'ailleurs bien inutile, puisque, d'après Viollet-Leduc, il a un exact correspondant en vrai français, *bretèche*.

Des vocabulaires entiers sont gâtés par l'anglais. Tous les jeux, tous les *sports* sont devenus d'une inélégance verbale qui doit les faire entièrement mépriser de quiconque aime la langue française. *Coaching*, *yachting*, quel parler! Des journalistes français ont fondé il y a un an ou deux un cercle qu'ils baptisèrent *Artistic-*

---

(1) On a signalé récemment à Paris, en la réprouvant, la forme *tramevère*; elle serait excellente.
(2) Comme de *bowsprit* les marins firent *beaupre*.

cycle-club; ont-ils honte de leur langue ou redoutent-ils de ne pas la connaître assez pour lui demander de nommer un fait nouveau? Cette niaiserie est d'ailleurs internationale, et le français joue chez les autres peuples, y compris l'Angleterre, le rôle de langue sacrée que nous avons dévolu à l'anglais. Il y a à Londres un jargon mondain et diplomatique : *thé dansante, landau sociable, style blasé, morning-soirée; solide* s'exprime par *solidaire, bon morceau* par *bonne-bouche* et *de pied en cap* par *cap à pie* (1). Notre anglais vaut ce français-là et il est souvent pire. Son inutilité est évidente. *Sleeping-car, garden-party, steamer, rail-way, rail-road, steeple-chase, dead-heat, warrant, reporter, interview, bond-holder, rocking-chair, sportsman* et son féminin *sportswoman, snowboot, smoking, music-hall, select, leader, authoress :* aucun de ces mots, dont la liste est inépuisable, n'ont même l'excuse d'avoir pris la langue française au dépourvu; aucun qui ne pût

(1) S'*intimer.* « Elle s'*intime* avec tout le monde. » C'est du français créé par un Russe ; il n'est pas mauvais. La tendance au néologisme est assez forte chez les étrangers parlant français et n'ayant naturellement qu'un vocabulaire restreint à leur disposition.

trouver dans notre vocabulaire son exacte et claire contre-partie.

Un journal discourait naguère sur *authoresse*, et, le proscrivant avec raison, le voulait exprimer par *auteur*. Pourquoi cette réserve, cette peur d'user des forces linguistiques ? Nous avons fait *actrice, cantatrice, bienfaitrice*, et nous reculons devant *autrice* (1), et nous allons chercher le même mot latin grossièrement anglicisé et orné, comme d'un anneau dans le nez, d'un grotesque *th*. Autant avouer que nous ne savons plus nous servir de notre langue et qu'à force d'apprendre celles des autres peuples nous avons laissé la nôtre vieillir et se dessécher. Cet aveu ne nous coûte rien : nous avons permis à l'industrie, au commerce, à la politique, à la marine, à toutes les activités nouvelles ou renouvelées en ce siècle, d'adopter un vocabulaire où l'anglais, s'il ne domine pas encore, tend à prendre au moins la moitié de la place.

L'histoire linguistique des jeux de plein air est curieuse. On en trouverait difficilement un

---

(1) *Autrice* est français depuis au moins le xviiie siècle : « Autrice. *Une dame Autrice*, se trouve dans une pièce du *Mercure* de juin 1726. » *Dictionnaire néologique à l'usage des Beaux Esprits du siècle* (1727), par l'abbé Desfontaines.

seul, parmi ceux qui ont été réimportés d'Angleterre, qui ne fût connu et toujours pratiqué en France par les enfants. Ainsi la *balle à la crosse* nous est revenue sous le nom de *cricket;* la *paume*, sous le nom de *tennis;* le *ballon* (1), sous le nom de *foot-ball;* le *mail* (2), sous le nom de *crocket*. Il suffirait évidemment de donner un nom anglais aux *boules*, à la *marelle*, ou au *cerceau* pour voir ces jeux innocents faire leur entrée dans le monde (3).

La langue de la marine s'est fort gâtée en ces derniers temps, j'entends la langue écrite par certains romanciers, car la langue orale a dû se maintenir intacte. M. Jules Verne mérite ce reproche d'avoir abusé des mots anglais dans

---

(1) En Bretagne, la *soule*. — Emile Souvestre, dans le *Figaro*, Supplément du 1ᵉʳ juillet 1877.

(2) C'est le mot latin tout vif, *malleus (mail, maillet)*. — Ce jeu est appelé *le Jeu du Palle-Mail* dans *la Maison des jeux académiques, etc.;* à Paris, chez Estienne Loyson, 1665. Son vocabulaire technique comprenait les mots : *passe, débutter, archet, roüet, boule, ais, mettre au beau ; boule fendue, dérobée, qui tient de la pierre, du fer*, etc. ; *crocheter, lever, lève, porte-lève*, etc.

(3) M. Michel Bréal (*Revue des Revues*, 1ᵉʳ juin 1897) trouve tout naturel que le *crocket* ait amené avec lui d'Angleterre son vocabulaire. Est-il vraiment si naturel que le même jeu se joue en anglais sur les plages et en français dans les cours de collège ?

ses merveilleux récits; un seul de ses tomes me fournit les mots suivants : *anchor-boat, steam-ship, main-mast, mizzenne-mast, fore-gigger, engine-screw, patent-log, skipper*, sans compter *dining-room* et *smoking-room*, qui sont de la langue générale. Nul lexique cependant n'est plus pittoresque que celui de la marine française, et M. Jules Verne, qui le connaît mieux que personne, devrait l'employer toujours et ne pas laisser croire qu'il le juge inférieur en netteté et en beauté au lexique anglais. Que de mots, que de locutions d'une pureté de son admirable : *étrave, étambot, misaine, hauban, bouline, hune, beaupré, artimon, amarres, amures, laisser en pantenne, haler en douceur;* voici deux lignes de vraie langue marine (1) : « On cargue la brigantine, on assure les écoutes de gui ; une caliourne venant du capelage d'artimon est frappée sur une herse en filin... » Très peu de mots marins appartiennent au français d'origine ; ils ont été empruntés aux langues germaniques et scandinaves, au provençal, à

---

(1) *La pêche à bord des longs-courriers*, par Bouquart. *L'Illustration*, 11 septembre 1897.

l'italien ; mais leur naturalisation est parfaite, et presque tous peuvent servir de modèle pour le traitement auquel une langue jalouse de son intégrité doit soumettre les mots étrangers,

CHAPITRE IX

Naissance d'un mot. — Réformes possibles dans l'orthographe des mots étrangers. — Liste de mots anglais réformés. — Liste de mots anglais francisés par les Canadiens.

J'ai vu naître un mot ; c'est voir naître une fleur. Ce mot ne sortira peut-être jamais d'un cercle étroit, mais il existe ; c'est *lirlie*. Comme il n'a jamais été écrit, je suppose sa forme : *lir* ou *lire*, la première syllabe ne peut être différente ; la seconde, phonétiquement *li*, est sans doute, par analogie, *lie* le mot étant conçu au féminin. J'entendais donc, à la campagne, appeler des pommes de terre roses hâtives, des *lirlies* roses ; on ne put me donner aucune autre explication, et, le mot m'étant inutile, je l'oubliai. Dix ans après, en feuilletant un catalogue de grainetier, je fus frappé par le nom d'*early rose* donné à une pomme de terre, et je compris les syllabes du jardinier. *Lirlie*, outre son phénomène de nationalisation, offre un fait récent de soudure de l'article (les exemples anciens sont assez nombreux, *lierre*, *luette*, *loriot*), la forme première ayant certainement été *irlie*.

Voilà un bon exemple et un mot agréable formé par l'heureuse ignorance d'un jardinier. C'est ainsi qu'il faut que la langue dévore tous les mots étrangers qui lui sont nécessaires, qu'elle les rende méconnaissables : qui, sans un tel hasard, en supposant que le mot eût vécu, aurait jamais retrouvé *early* dans *lirlie* ?

Ce *lirlie* peut servir de type des mots étrangers qui entrent dans une langue à la fois par la parole et par l'écriture. Dans ce cas, il ne faut jamais hésiter à sacrifier l'orthographe au son. Le jardinier eût écrit *lirlie*; un autre aurait pu sentir la présence de l'article et adopter *irlie*; les deux mots seraient excellents, et *early* est très mauvais. Quand le mot est entré par la parole seule (ce qui est rare maintenant), on transcrira le son tel qu'il est perçu. Si le mot est venu par l'écriture seule, il faut le réformer et l'écrire comme le prononcerait un paysan ou un ouvrier tout à fait étranger à l'anglais ou à telle autre langue. Je formulerais donc volontiers ainsi les mots suivants, bien connus sous leur aspect barbare ; je mets à côté un des mots qui peuvent servir d'étalon analogique :

Higuelife — High Life
Calife

Fivocloque — Five o'clock
Colloque

Vaterprouffe — Water-proof
Esbrouffe

Starteur — Starter (1)

Stimeur — Steamer
Rameur

Autoresse (2) — authoress
Maîtresse

Blocausse — Block-hauss (3)
Chausse

---

(1) Voilà la prononciation ou usuelle ou individuelle à Paris de quelques termes de courses : *starter*-starteur ; *broken-down*-brocandeau ; *flyer*-flieur ; *steaple*-stiple ; *stayer*-stayeur ; *dead-heat*-didide ; *handicap*-andicape ; *betting*-bétin (ou bétingue) ; *ring*-rin (ou ringue). — Dans *didide* il y a d'abord la confusion de *heat* avec *head*, alors prononcé *hide*, — et tout cela est charivaresque !

(2) Si on ne veut pas d'*autrice*.

(3) Allemand. A déjà donné *blocus* au XVIe siècle. — Tous les mots sans renvoi sont anglais.

Groume — Groom (1)
Doume (2)

Spline — Spleen (3)
Discipline

Smoquine — Smoking
Molesquine

Yaute — Yacht (4)
Faute

Docart — Dogcart
ou *Doquart*
Trocart   } (5)
Trois-quarts }

(1) *Groume* a déjà existé en français, venu d'une forme germanique *(grom*, garçon). *Grom* devint *groume*, puis *groumet* nom donné aux garçons marchands de vins. De là l'idée de dégustation conservé dans *gourmet*, qui est une déformation de *groumet*. Finalement *groom* est un mot français emprunté par l'anglais. Il y a de ces emprunts anglais, réempruntés par le français, qui ont pris au cours de ce double voyage une forme bien curieuse. De *soie de Padoue*, les marchands anglais avaient fait jadis Padousoy ; le mot est revenu en France sous les apparences inattendues de *pou-de-soie*. Le mot *mohair*, récemment importé d'Angleterre, n'est autre chose que notre *moire* ! — Les Français appelaient *Fond de baie* un littoral canadien. Les Anglais en ont fait *Fundy bay*, ce que nos géographes traduisent courageusement par *baie de Fundy*.

(2) Sorte de palmier.
(3) *Splénétique* est venu du grec.
(4) L'italien a emprunté le mot à la forme écrite : *iachetto*. Cette forme également usitée en français s'écrirait *yaque*.
(5) Mots identiques : *trois-quarts* a été le premier nom du trocart.

Snobe — Snob
Robe

Bismute — Bismuth (1)
Jute

Zingue — Zinc (2)
(Voyez *Chirtingue*)

Malte — Malt (3)
Malte

Boucmacaire — Book-maker (4)
Valcovère — Walk-over
Sévère
Macaire

Chirtingue — Shirting
Métingue — Meeting
Cotingue — Coating
Poudingue (5) — Pudding

(1) All. La vraie forme est *bissmuth*.
(2) All. Italien : *zinco*.
(3) Italien : *malto*.
(4) Tend, dit-on, à disparaître devant le mot français *donneur*.
(5) Le mot est francisé ; cependant les dictionnaires font une distinction d'orthographe entre *pouding*, gâteau, et *poudingue*, agglomérat de cailloux. J'ai fait prononcer à diverses personnes le mot *plum-pudding* ; voici les sons entendus : *Plum, pleum, plome, ploume ; poudigne, poudinegue, poudine, poudingue*. Les combinaisons variables des deux mots donnent seize vocables différents. — La francisation en *in* serait préférable : Exemple : *sterlin*, jadis *esterlin*, pour *sterling*.

Clube — Club
Tube

Quirche — Kirsch (1)
Spiche — Speech
Niche

Colbaque — Kolbak (2)
Codaque — Kodak (3)
Chabraque

Railoué — Railway
Tramoué — Tramway
Avoué

Ponche — Punch (4)
Bronche

Grogue — Grog
Dogue

Copèque — Kopeck (5)
Quipesèque — Keepsake

Bifetèque ⎱ (6)
Romestèque ⎰
Chèque

Sloupe — Sloop
Chaloupe

Spencère — Spencer
Sincère

Stoque — Stock
Toque

Stope — Stop (7)
Chope

(1) Allemand.
(2) Turc.
(3) ?
(4) Italien : *ponce*. — Ou *ponge*. Cette forme est en effet française depuis le xvii° siècle. On appelait *ponge*, à la cour du grand roi, ce que nous nommons *grog*.
(5) Russe. Italien : *copecco*.
(6) Ces deux mots sont à demi francisés ; les dictionnaires donnent : *bifteck* et *romsteck*, formes qui ne sont d'aucune langue. — *Romestèque* est entré pour la première fois en français au xvii° siècle. C'était le nom d'un jeu de cartes apporté de Hollande (*la Maison des Jeux*).
(7) A donné *stopper*, bien francisé.

Lunche — Lunch
Embrunche (1)

Stoute — Stout
Toute

Chacot — Shako
Tricot

Strasse — Strass
Strasse (2)

Coltare — Coaltar
Tare

Carrique — Carrick
Barrique

On sait que le français du Canada a subi l'influence de l'anglais. Cette pénétration, d'ailleurs réciproque (3), est beaucoup moins profonde qu'on ne le croit et notre langue garde, au delà des mers, avec sa force d'expansion, sa vitalité créatrice et un pouvoir remarquable d'assimilation. Des mots qu'elle a empruntés à l'anglais, les uns, demeurés à la surface de la langue, ont conservé leur forme étrangère; les autres, en grand nombre, ont été absorbés, sont devenus réellement français. Il serait même souvent impossible de reconnaître leur origine, sans documents historiques. C'est ainsi que *township* est devenu *trompechipe*; *Sommerset, Sainte-Morisette; Standford, Sainte-Folle*. On ne peut

(1) *Embruncher*, terme de maçonnerie.
(2) *Bourre*, terme de métier.
(3) Les Anglo-Canadiens jouent au cricket, par exemple, sous le nom de *Lacrosse-game*.

guère pousser plus loin l'absorption ; les syllabes anglaises, surtout pour les deux noms propres, n'ont vraiment été qu'un prétexte sonore à composer des mots agréables. Voici quelques déformations moins hardies et qui pourront, mieux encore que le précédent tableau, nous servir de guide en des circonstances analogues. On y a compris les mots dont la déformation, invisible pour les yeux, est cependant réelle puisque les Canadiens les prononcent à la française.

Bacon	Bacon	lard
Bargain	Bargain	marché
Postage	Postage	frais de port
Coercion	Coercion	coercition
Drive	Drave	flotter
Driver	Draver	flotteur
Drave	Draveur	flottage du bois
Shirting	Cheurtine / Chatine	toile
Bother	Bâdrer	ennuyer, raser
Boat	Baute	bateau
Promissory	Promissoire	
Boom	Bôme	barrage
Bun	Bonne	brioche
Log	Logue	tronc d'arbre
Runner	Ronneur	coureur
Safe	Saife	coffre-fort (1)

(1) Sens particulier du mot francisé. Saife, et il en est de même des autres mots, n'a qu'une des significations du mot anglais safe.

Shave	*Séhver*	raser
Shaver	*Shéveur*	usurier
Shape	*Shaipe*	forme

(1)

Clear   *Clairer* (ce verbe a pris plusieurs des sens de *to clear, to clear up,* etc.)

Copper	*Coppe*	sou
Copy	*Copie*	exemplaire
Tea-Board	*Thébord*	cabaret
Cook	*Couque*	cuisinier
Voter	*Voteur*	électeur
Grocer	*Groceur*	épicier
Grocery	*Grocerie*	épicerie
Rail	*Rèle*	rail (2)
Sample	*Simple*	échantillon
Yoke	*Iouque*	joug
Neck-Yoke	*Néquiouque*	
Peppermint	*Papermane*	menthe
Pudding	*Poutine*	poudingue

Ces listes suffiront ; on n'a voulu donner que des indications. C'est une clef que l'on peut compléter et alors consulter lorsqu'on aura un doute

---

La naturalisation limite à un seul les pouvoirs divers et souvent nombreux d'un mot. *Smart*, qui veut dire en anglais, selon les cas, alerte, souple, habile, fin, actif, intrigant, roué, élégant, etc., a perdu en français, du moment qu'on a voulu l'y introduire, toutes ces valeurs, pour en gagner une seule, vague et très certainement passagère.

(1) La vraie déformation serait *chaipe*, *chéver*, *chéveur*. Il n'y a pas de *sh* en français.

(2) On se sert plus communément du mot français *lisse*. Egalement, pour *wagon* et *tramway*, les Canadiens disent *char*.

sur la forme française que doit revêtir le mot étranger. Si le mot se refuse à la naturalisation, il faut l'abandonuer résolument, le traduire ou lui chercher un équivalent. Très souvent, après une brève réflexion, on le jugera tout à fait inutile : *steamer* est un doublet infiniment puéril de *vapeur;* et quel besoin de *smoking-room* pour un parler qui possède *fumoir* ou de *skating*, quand, comme au Canada, il pourrait dire *patinoir* (1) ? C'est un devoir strict envers notre langue de n'ouvrir les portes sévères de son vocabulaire qu'à des termes nouveaux qui apportent avec eux une idée nouvelle et qui prennent au dépourvu nos propres ressources linguistiques.

(1) Quant aux noms propres historiques ou géographiques, il faut, je crois, s'en rapporter à l'usage. Un géographe a conseillé de conserver aux noms de lieu leur orthographe nationale, d'écrire *London, Kœln, Firenze, Tong-King,* et aussi sans doute d'apprendre au moins la prononciation de toutes les langues du globe. Cet estimable savant ne prend pas garde que la nomenclature française est internationale et que tous les noms géographiques dont la notoriété est européenne ne sont populaires que sous leur nom français. Les atlas anglais disent comme nous : Cologne, Florence, Turin, Rome. Naples, *Venice,* Mayence, Aix-la-Chapelle.

CHAPITRE X

Une Académie de la beauté verbale. — La formation savante et la déformation populaire. — La vitalité linguistique. — Innocuité des altérations syllabiques. — La race fait la beauté d'un mot. — Le patois européen et la langue de l'avenir.

Une académie serait utile, composée d'une vingtaine d'écrivains — si on en trouvait vingt — ayant à la fois le sens phonétique (1) et le sens poétique de la langue. Au lieu de rendre des arrêts par prétérition, au lieu de se borner à omettre, dans un dictionnaire inconnu du public et déjà démodé quand il paraît, les mots de figure trop étrangère, elle agirait dans le présent, et les formes refusées ou bannies par elle

(1) On voudra bien remarquer que je sursois volontairement aux corrections conseillées par moi-même et que je n'écris ni *fonétique* ni *estétique*. Tant que l'exemple ne sera pas donné par cinq ou six revues et journaux importants, tout particularisme « ortografique » ne serait qu'une manifestation gênante et inutile.

seraient proscrites de l'écriture et du parler. Elle serait chargée de baptiser les idées nouvelles; elle trouverait les mots nécessaires dans le vieux français, dans les termes inusités, quoique purs, dans le système de la composition et dans celui de la dérivation. Son rôle serait, non pas d'entraver la vie de la langue, mais de la nourrir au contraire, de la fortifier et de la préserver contre tout ce qui tend à diminuer sa forme expansive. Elle agirait dans le sens populaire, contre le pédantisme et contre le snobisme; elle serait, en face des écorcheurs du journalisme et de la basse littérature, la conservatrice de la tradition française, la tutrice de notre conscience linguistique, la gardienne de notre beauté verbale (1).

Indulgente pour les déformations spontanées, œuvre de l'ignorance, sans doute, mais d'une ignorance heureuse et instinctive, elle admettrait avec joie les innovations du parler populaire; elle n'aurait peur ni de *gosse,* ni de *gobeur* et elle n'userait pas de phrases où figure

(1) A défaut de cette chimérique assemblée, il serait à souhaiter qu'un *Bulletin de la langue française* fût publié selon ces principes, et répandu dans le monde des écrivains et des professeurs.

kaléidoscope (1) pour réprouver les innovations telles que *ensoleillé* et *désuet* (2). Épouvantée par *psycho-physiologie*, par *splanchnologie* (3), par *conchyliologie*, elle n'aurait d'objections ni contre *gaffe*, ni contre *écoper*, mots très français, très purs, le premier l'une des rares épaves du celtique (*gaf*, croc), le second, anciennement *escope*, venu sans doute d'une forme *scoppa*, doublet latin de *scopa* (4).

Livrées à elles-mêmes, soustraites aux influences étrangères ou savantes, les langues ne

(1) Il n'y a plus de *k* en français. Cette lettre d'origine allemande a été usitée jadis, puis rejetée comme inutile. Le *c* et le *qu* suffisent à noter tous les sons qui peuvent incomber au *k* ou au *ch* dur. Sans doute le *k* remplirait à lui tout seul le rôle des deux signes usuels, mais, puisqu'on ne peut songer à unifier l'écriture au point d'écrire *ki ke ce soit, kelkonke, kitte, kalité*, le *k* n'est plus qu'une complication inadmissible. Le *ch* dur, nous l'avons expliqué, doit être également proscrit.

(2) Comme le fait M. Émile Deschanel, *les Déformations de la langue française* (1898). Les deux mots sont excellents, bien formés, le premier sur des analogies multiples, le second d'après *muet* et *fluet*. — Le vieux français avait *asoleillé*.

(3) Il y a aussi *splanchnique*, qui ne veut pas dire autre chose que *viscéral*.

(4) *Scopa* a donné en vieux français *escouve, écouve*, dont il est resté *écouvillon*. Et quand même la vraie origine d'*écope* serait la forme anglaise *scoope*, le mot n'en serait pas plus mauvais. *Scoope* est identique à *escouve*. Le sens abstrait d'*écoper* dérive tout naturellement du sens concret primitif : la corvée de vider l'eau qui s'amasse au fond d'un bateau. M. Deschanel recule scandalisé devant *écoper*.

peuvent se déformer, si on donne à ce mot un sens péjoratif. Elles se transforment, ce qui est bien différent. Que ces changements atteignent la signification des mots ou leur apparence syllabique, ils sont pareillement légitimes et inoffensifs. Si beaucoup de mots latins n'ont pas gardé en français leur sens originaire, bien des mots du vieux français n'ont plus exactement en français moderne leur signification ancienne. M. Deschanel observe que *mièvre, émérite, truculent*, ne disent plus les mêmes idées que voilà un ou deux siècles; mais c'est l'histoire même du dictionnaire. *Paillard* signifia jadis misérable, homme qui couche sur la paille; *paître*, nourrir,

Dex est preudom, qui nos gouverne et *pest* (1);

souffreteux, besoigneux; *labourer*, travailler, souffrir; et tous les mots indiquant la condition : *valet*, autrefois écuyer; *garce*, autrefois jeune fille. Il y a transformation de sens; il n'y a pas déformation, puisque le mot reste identique à lui-même et n'a rien perdu de sa beauté plastique.

L'altération syllabique, intérieure ou finale,

(1) *Couronnement de Louis.*

n'est pas plus dangereuse : ni la soudure de l'article ou du pronom, *loriot* pour *l'oriot, l'oriol (aureolum), ma mie* pour *m'amie;* ni *casserole* pour *cassole;* ni *palette* (de sang) pour *poëlette;* ni *bibelot* pour *bimbelot* ne sont des accidents graves dans l'évolution d'une langue. Je suis même moins choqué par le populaire *de l'eau d'ânon* que par *microphotographie* ou *bio-bibliographie;* les deux mots par quoi les bonnes femmes s'expliquent à elles-mêmes le mystérieux *laudanum* ont au moins le mérite de leur sonorité française; d'ailleurs *laudanum* n'est lui-même qu'une corruption dont il a été impossible d'analyser les éléments primitifs (1).

La beauté d'un mot est tout entière dans sa pureté, dans son originalité, dans sa race; je veux le dire encore en achevant ce tableau des mauvaises mœurs de la langue française et des dangers où la jettent le servilisme, la crédulité et la défiance de soi-même. Devenus les esclaves de la superstition scientifique, nous avons donné aux pédants tout pouvoir sur une activité intellectuelle qui est du domaine absolu de l'instinct;

---

(1) Voir le chapitre suivant.

nous avons cru que notre parler traditionnel devait accueillir tous les mots étrangers qu'on lui présente et nous avons pris pour un perpétuel enrichissement ce qui est le signe exact d'une indigence heureusement simulée. Il n'est pas possible qu'une langue littérairement aussi vivante ait perdu sa vieille puissance verbale; il suffira sans doute que l'on proscrive à l'avenir tout mot grec, tout mot anglais, toutes syllabes étrangères à l'idiome, pour que, convaincu par la nécessité, le français retrouve sa virilité, son orgueil et même son insolence. Il vaut mieux, à tout prendre, renoncer à l'expression d'une idée que de la formuler en patois. Il n'est pas nécessaire d'écrire; mais si l'on écrit il faut que cela soit en une langue véridique et de bonne couleur.

Ou bien résignons-nous ; laissons faire et considérons les premiers mouvements d'une formation linguistique nouvelle. Un patois européen sera peut-être la conséquence inévitable d'un état d'esprit européen, et aucun idiome n'étant assez fort pour dominer, ayant absorbé tous les autres, un jargon international se façonnera, mélange obscur et rude de tous les vocabulaires, de toutes les prononciations, de toutes les syntaxes. Déjà il n'est pas très rare de rencontrer une phrase qui se croit française et dont plus de la moitié des mots ne sont pas français. C'est un avant-goût de la langue de l'avenir.

LA DÉFORMATION

> Il faudrait être insensé pour vouloir dicter des lois dans une langue vivante.
>
> *Observations* de l'Académie française sur les *Remarques* de Vaugelas (1704).

I

Nous ne connaissons pas dans leur texte vrai les écrits latins antérieurs au ive siècle, car ils furent, à cette époque, récrits en langage moderne, purgés de tout ce qui semblait archaïque dans les mots, dans la syntaxe. Il est très probable que le Virgile que nous lisons ressemble à ce qu'aurait pu être Villon réduit au style et au goût de Malherbe, ou à ce qu'est devenu sous la plume des copistes du xve siècle le rude Joinville du xiiie. Ainsi l'on nous habitua à considérer comme les chefs-d'œuvre de la littérature latine des œuvres retouchées et qui doivent leur forme pure et agréable à la collaboration commerciale des libraires du temps de saint Jérôme. Mais, comme cette duperie dure depuis environ quinze siècles, nous y sommes si bien asservis que si, par hasard, on retrouvait en quelque Pompéï un authentique manuscrit de Cicéron, les épigraphistes seuls en voudraient tenir compte : la majorité des humanistes continuerait à cataloguer les nuances qui donnent une suprématie incontestable de langue à des œuvres entièrement remises à neuf, vers un moment où il est convenu que la décadence de la langue latine est déjà très avancée.

Jusqu'à ce qu'elles aient atteint leur plus haut point de valeur commerciale, les langues littéraires se transforment avec une grande rapidité. Mais dès que la littérature d'une époque se répand au point de devenir quasi universelle, la transformation de la langue tend à se ralentir, parce que les œuvres écrites dans le ton déjà connu de tous sont celles qui doivent être le mieux accueillies par le plus grand nombre des lecteurs. C'est vers le IV⁰ siècle que la littérature latine acquit sa plus large expansion ; c'était une époque d'inquiétudes et de controverses ; deux grandes idées luttaient pour la conquête du monde, et quand deux idées sont en lutte, elles combattent au moyen de l'écriture. Des gens se mirent à lire qui n'avaient jamais lu ; Rome expédiait le pour et le contre dans tout le monde civilisé. Alors seulement commença pour le latin cet état de fixité qui dura jusqu'à sa mort définitive, après la longue traversée du moyen âge : il y a beaucoup moins loin de Prudence à Adam de Saint-Victor que de Plaute à Prudence.

La langue française, après plusieurs crises dont elle était sortie renouvelée et dégagée, s'éleva à une telle fortune littéraire qu'elle en fut immobilisée pendant plus d'un siècle, pendant cent cinquante ans, puisque les poètes de l'an 1819 sont encore sous la domination exclusive de Racine et de Boileau. A ce moment, le romantisme a rouvert les canaux de la sève, — et le romantisme dure encore. Nous sommes donc dans une période de vie linguistique et peut-être à un moment très critique, car il s'agit de savoir si le peuple d'aujourd'hui a assez de souplesse et de curiosité d'esprit pour suivre une évolution qui se fait au-dessus de lui et que nos gérontes et nos mandarins lui cachent avec une jalousie de censeurs et de jésuites. Il est à craindre que la littérature, devenue un art d'autant plus hardi qu'il trouve en autrui moins d'accueil, d'autant plus insolent qu'il voit diminuer ses chances de plaire, d'autant plus ésotérique qu'il sent se raréfier autour de lui l'air intellectuel, il est à craindre qu'au lieu de tendre toujours vers de nouvelles frontières la littérature ne soit destinée à se resserrer en de petites enceintes ponctuées dans le monde, comme un semis d'oasis.

Mais il s'agit de la langue plus que de la littérature, de l'instrument et non des œuvres de l'ouvrier, et je voudrais rechercher, puisque l'occasion s'en présente (1), si l'instrument est toujours bon, et si, parmi ce que M. Deschanel appelle des déformations, on ne pourrait pas trouver, aussi bien que des signes de vermoulure, des marques de vitalité et tout un système de feuilles et de fleurs.

La langue française, qui ne semble pas destinée à subir prochainement de graves transformations, est cependant loin de la grande époque de stabilité que certaines langues atteignent avant de mourir. Elle vit, donc elle se différencie constamment. Si on la considère à des moments distants d'un demi-siècle, on trouve toujours que le dernier moment est en état de transformation, ou, puisqu'on pose le mot en

---

(1) *Les Déformations de la langue française*, par Emile Deschanel (1898).

principe, de déformation; comparée au moment précédent, la période ultime semble bien plus bouillonnante, bien plus désordonnée. C'est que toute nouveauté verbale n'acquiert que lentement et souvent après de très longues années sa place définitive dans les habitudes linguistiques. Ce qui était déformation en 1850 est devenu aujourd'hui le principe d'une règle par quoi nous jugeons des déformations actuelles. L'histoire d'une langue n'est que l'histoire de déformations successives, presque toujours monstrueuses, si on les juge d'après la logique de la raison; — mais la faculté du langage est réglée par une logique particulière : c'est-à-dire par une logique qui oublie constamment, dès qu'elle a pris son parti, les termes mêmes du problème qui lui était posé. Du conflit des idées elle tire une idée nouvelle, qui ne doit aux idées d'où elle sort que parfois les lettres qui forment leur commune armature; la langue transporte à volonté l'idée de *rouge* au mot *noir*, ou l'idée de *tuer* au mot *protéger* : et cela est très clair (1).

On peut d'ailleurs, d'une façon générale,

(1) Pour *tuer*, voir page 32. — L'italien *vino nero* correspond au français *vin rouge*.

accepter l'idée de déformation et l'identifier à l'idée de création. La déformation est, du moins, une des formes de la création. Créer une idée nouvelle, une figure nouvelle, c'est déformer une idée ou une figure connue des hommes sous un aspect général, fixe et indécis. La déformation est une précision, en ce sens qu'elle est une appropriation, qu'elle détermine, qu'elle régit, qu'elle stigmatise. Tout art est déformateur et toute science est déformatrice, puisque l'art tend à rendre le particulier tellement particulier qu'il devienne incomparable, et puisque la science tend à rendre la règle tellement universelle qu'elle se confonde avec l'absolu. La biologie ne déforme pas moins la vie pour expliquer la vie que la sculpture ne déforme Moïse pour expliquer Moïse. A vrai dire, nous ne connaissons que des déformations ; nous ne connaissons que la forme particulière de nos esprits particuliers.

Pour qu'il fût permis de considérer comme véritablement déformés certains modes verbaux, il nous faudrait d'abord instituer les règles d'une faculté que nous ne connaissons que par ses résultats. Ne portant que sur les différences, nos règles sont nécessairement caduques; nous comparons infatigablement l'orange nouvelle au fruit de l'an passé et nous sommes portés à condamner comme incongrue celle qui est encore à moitié verte et qui agace les dents. Mais l'homme spontané, peuple ou poète, a d'autres goûts que les grammairiens, et, en fait de langage, il use de tous les moyens pour atteindre à l'indispensable, à l'inconnu, à l'expression non encore proférée, au mot vierge. L'homme éprouve une très grande jouissance à déformer son langage, c'est-à-dire à prendre de son langage une possession toujours plus intime et toujours plus personnelle. L'imitation fait le reste : celui qui ne peut créer partage à demi, en imitant le créateur, les joies de la création.

Le mot nouveau, l'assemblage inédit de syllabes, l'expression neuve ont un tel charme pour l'homme inculte ou moyennement lettré que cela a toujours été une des charges de l'aristocratie de modérer la transformation du langage. En l'absence d'une autorité sociale et littéraire à la fois, les langues se modifient si rapidement que le vieillard ne comprend plus ses petits-enfants. Nous ne sommes pas exempts, dans notre société, de malentendus analogues, et il y a des mots qui, prononcés par deux générations éloignées de quelque vingt ans, se prononcent selon des significations absolument divergentes. Cela est inévitable et cela est bien, puisque c'est conforme aux lois du mouvement et de la vie. Mais chez les peuples enrichis d'une littérature, la langue est d'autant plus stable que la littérature est plus forte, qu'elle nourrit un plus grand nombre de loisirs et de plaisirs; à un certain moment, la tendance à l'immobilité ou les ondulations rétrogrades d'un langage rendent parfois nécessaire une intervention directrice dans un sens opposé, et l'aristocratie intellectuelle, au lieu de restreindre la part du nouveau dans la langue, doit au contraire souffler au peuple abruti par les écoles primaires les innovations verbales qu'il est désormais inapte à imaginer.

Un peuple qui ne connaît que sa propre langue et qui l'apprend de sa mère, et non des tristes pédagogues, ne peut pas la déformer, si l'on donne à ce mot un sens péjoratif. Il est porté constamment à la rendre différente; il ne peut la rendre mauvaise. Mais en même temps que les enfants apprennent dans les prisons scolaires ce que la vie seule leur enseignait autrefois et mieux, ils perdent sous la peur de la grammaire cette liberté d'esprit qui faisait une part si agréable à la fantaisie dans l'évolution verbale. Ils parlent comme les livres, comme les mauvais livres, et dès qu'ils ont à dire quelque chose de grave, c'est au moyen de la phraséologie de cette basse littérature morale et utilitaire dont on souille leurs cerveaux tendres et impressionnables. L'homme du peuple ne diffère pas de l'enfant, mais plus hardi il se réfugie dans l'argot et c'est là qu'il donne cours à son besoin de mots nouveaux, de tours pittoresques, d'innovations syntaxiques. L'instruction obligatoire a fait du français, dans les bas-fonds de Paris, une langue morte, une langue de parade que le peuple ne parle jamais et qu'il finira par ne plus comprendre; il aime l'argot qu'il a appris tout seul, en liberté; il hait le français qui n'est plus pour lui que la langue de ses maîtres et de ses oppresseurs.

Cependant cette situation est loin d'être générale et, à défaut du bas peuple, il reste assez de bouches françaises pour que l'envahissement de l'argot ne puisse, de longtemps, être considéré comme un danger. Il ne faut pas d'ailleurs mépriser absolument l'argot; la vie argotique d'un mot n'est souvent qu'un stage à la porte de la langue littéraire; quelques-uns des mots les plus « nobles » du vocabulaire français n'ont pas d'autre origine; en trente ans une partie notable du dictionnaire de Lorédan Larchey a passé dans les dictionnaires classiques.

M. Deschanel trouve donc que « la langue française, si belle, va se corrompant ». C'est assez juste, mais il a négligé d'appuyer son opinion d'exemples solides; il ne fait allusion ni à l'invasion grecque, ni à l'invasion étrangère; la déformation, telle qu'il l'a sentie, est tout à fait bénigne et parfois bienfaisante. Sa délicatesse de vieux lettré plein de belles-lettres classiques est un peu craintive et vraiment pessimiste. Il répète trop volontiers la plainte timorée de Lamennais : « On ne sait presque plus le français, on ne l'écrit plus, on ne le parle plus », — plainte qui ne veut rien dire, sinon : le français étant une langue vivante se modifie périodiquement et aujourd'hui, en 1852, on ne lit plus et on n'entend plus le même langage qu'en 1802, alors que j'avais vingt ans. Il paraît que M. Scherer s'est, lui aussi, lamenté sur « la déformation de la langue française », mais la langue française, de son côté, n'a pas toujours eu à se louer de ses rapports avec M. Scherer, — et tout cela est un peu ridicule.

La déformation par changement de sens, que M. Deschanel réprouve, est quelquefois défavorable et quelquefois utile. C'est un moyen dont la langue se sert pour utiliser un mot qui vient de se trouver sans emploi. Ainsi quand le mot *retraité* eut remplacé le mot *émérite*, celui-ci prit la signification de *habile, expert*, et Balzac la vulgarisa. Quel mal y a-t-il à ce que *excessivement* ait pris le sens de *extrêmement*, ou que le mot *potable* s'achemine vers la signification générale de *convenable*? Les mots ne sont en eux-mêmes que des sons indifférents, rudes ou amènes ; ils n'ont qu'une valeur esthétique ; ils sont aptes à se charger de toutes les significations que l'on voudra bien leur imposer. Nous sommes habitués à lier certains sons à certains sens et à croire qu'il y a entre eux un rapport nécessaire. La connaissance de quelques langues un peu éloignées suffit à purger l'esprit de cette croyance naïve ; l'étude de la transformation du latin en français est encore assez bonne pour nous détromper ; et il n'est pas mauvais, si l'on veut acquérir un bon degré de scepticisme sur ce point, d'apprendre résolument la langue française elle-même. Il ne faudrait pas sourire si l'on prédisait que le mot *pied*, quelque jour, signifiera *tête*. Cela est déjà arrivé. M. Deschanel en donne lui-même un exemple lorsqu'il rappelle que *dais* a d'abord voulu dire table, conformément à une des significations de son mot d'origine, le latin *discus*. Ce changement de sens rentre encore dans la série des utilisations : dépouillé de sa signification, *dais* aurait péri devant *table* si on ne lui avait assigné une autre fonction. C'est là un phénomène de conservation et non de déformation, et même de conservation créatrice, car empêcher un mot de périr, c'est le créer une seconde fois.

Les changements de prononciation et de forme ne sont pas moins fréquents, ni moins inévitables. La prononciation des mots français a beaucoup varié depuis l'origine de la langue ; on a écrit cette histoire qui n'est pas toujours très sûre. Alors que nous ne savons pas bien nous-mêmes et que la question est discutée de savoir si *oi* équivaut soit à *oua*, soit à *oa*, il est difficile de déterminer la valeur de ce signe, et de plusieurs autres, le long des siècles passés. M. Deschanel a relevé dans la manière d'aujourd'hui quelques prononciations défectueuses des lettres doubles; il y a une tendance à les faire sentir, comme il y a une tendance à faire sentir les consonnes finales; mais là encore M. Deschanel insiste trop peu, sans doute pour n'être pas forcé de blâmer le rôle, alors vraiment odieux, de l'école primaire, du maître hâtivement fabriqué par les méthodes artificielles de l'Université. On m'a cité un professeur de géographie d'un collège d'Algérie qui, en l'ignorance de toute tradition orale, affirmait à ses élèves l'existence de villes françaises telles que Le Mance, Cahan, Moulince, Foicse. Les noms communs ne sont pas toujours mieux traités et, comme l'a remarqué M. Anatole France, si on n'apprend pas encore aux enfants à compter sur leurs *doiktes*, c'est que la science des instituteurs primaires est encore neutralisée par la délicieuse ignorance des mères et des nourrices. N'est-elle pas très curieuse cette civilisation qui fait enseigner le français à un enfant de l'Isle-de-France par un paysan auvergnat ou provençal muni de diplômes? On entend à Paris des gens ornés de gants et peut-être de rubans violets dire : *sette sous, cinque francs* : le malheureux sait l'orthographe, hélas ! et il le prouve.

Voilà une série de déformations sur laquelle on aurait aimé que s'exerçât l'autorité de M. Émile Deschanel, et un péril pour l'intégrité de la langue qu'il aurait dû signaler avec véhémence, puisqu'il a entrepris une telle campagne. Il reste dans l'anodin et dans l'anecdote, vitupère *castrole* et note que, remplacé par *gerbe*, le mot *bouquet* tombe en désuétude. Ses remarques sont intéressantes, mais il n'a pas su les relier par des idées générales, comme l'a fait, par exemple, M. Michel Bréal dans sa récente *Sémantique*.

Cependant il n'est pas loin de considérer le jeu des suffixes comme un principe de déformation. Si c'est déformer un nom que d'en façonner un verbe, voilà encore une déformation singulièrement féconde et vénérable. Pour *recruter* formé de *recrue*, il a l'autorité de Racine écrivant à son fils qui lui avait parlé de la *Gazette de Hollande :* « Vous y apprendrez certains termes qui ne valent rien, comme celui de *recruter*, dont vous vous servez; au lieu de quoi il faut dire *faire des recrues*. » Mais Racine avait la même opinion sur à peu près tous les mots du dictionnaire de Furetière et aucune timidité linguistique ne peut surprendre de la part du poète dont l'indigence verbale, imposée par la mode, stérilisa pendant un siècle et demi la poésie française. Sa lettre fut peut-être écrite hier, encore une fois, par quelque vieil académicien effaré à son fils enclin aux mauvaises lectures : « Vous y apprendrez certains termes qui ne valent rien, comme celui de *pédaler*, dont vous vous servez; au lieu de quoi il faut dire *aller à bicyclette.* » *Pédaler* doit sembler monstrueux à M. Deschanel; pourtant le mot est excellent de ton et de forme.

Parmi les mots récemment obtenus par dérivation, il en est de mauvais, mais qui le sont surtout à cause de leur inutilité. Un mot de forme française et qui répond à un besoin est presque toujours bon. Je puis partager l'*émoi* que cause *émotionner* à M. Deschanel, mais *arrestation* ne me trouble pas, parce que je ne saurais le remplacer par rien. Il me serait difficile, malgré le désir de M. Deschanel, d'utiliser *imprimer* dans tous les cas où *impressionner* me vient sous la plume; *imprimer* est meilleur et possède un sens concret (1) qui lui donne plus de force dans la métaphore, mais vraiment : « Ce spectacle m'a impressionné », si cela peut se traduire par « ce spectacle m'a ému », cela n'a jamais pu, à aucun moment de la langue, se dire par « ce spectacle m'a imprimé ». Malgré les citations de M. Deschanel, ni Molière ni La Bruyère n'ont employé *imprimer* au sens d'*impressionner*; l'un et l'autre lui donnent le sens purement latin de « frapper » et ne l'emploient qu'avec un adverbe : « ...si bien imprimé »; « le plus fortement imprimés! » Dans les deux phrases citées par M. Deschanel, *frapper* le remplacerait fort bien; *impressionner* le remplacerait fort mal.

L'Académie n'admet pas *l'animation* des rues, mais l'opinion linguistique de l'Académie n'a pas de valeur pour le présent, puisque son

---

(1) *Impressionner* a d'ailleurs pris un sens concret dans la photographie, où il serait malaisé, même à M. Deschanel, de le remplacer par *imprimer*.

dictionnaire représente déjà le passé, quand il paraît; ensuite, nul concile, même académique, ne saurait prévaloir contre l'usage. Que M. Deschanel condamne des innovations telles que *pourcentage*, *épater*, *terroriser*, *bénéficier*, *différencier*, *socialiser*, *méridional*, cela surprend, car tous ces mots sont du français véritable et tous répondent à un besoin réel, même *terroriser*, qui semble avoir un sens plus actif, plus décisif, peut-être à cause de sa nouveauté, que *effrayer* ou *épouvanter*. En est-il de même de *clamer*, de *perturber*, de *ululer*, et de tout le groupe des latinismes récemment introduits dans la langue? C'est assez douteux, car il ne faut demander directement au latin, grenier légitime de la langue française, que des mots réellement utiles et que nos propres ressources linguistiques ont été impuissantes à imaginer.

M. Deschanel signale enfin quelques déformations réelles; elles sont vénielles. Sans doute *herboriste* est la corruption d'*arboriste*; sans doute il peut sembler fâcheux qu'on ait confondu *confrairie* et *confrérie*, *palette* avec *poëlette*, *chère* avec *chair*, que le féminin de *sacristain* soit *sacristine*, qu'*ornement* ait donné *ornemaniste* et *fusain*, *fusiniste*, et que, dans le vocabulaire des injures politiques, on oublie, en écrivant *salaud*, que le féminin de cette délicieuse épithète est *salope*, mais avant de condamner des formes qui, malgré les grammairiens, se permettent de dévier un peu de la logique apparente, il faudrait peut-être les examiner avec quelque minutie et quelque bienveillance. On découvrirait alors que *fusiniste* et *ornemaniste*, par exemple, étant des formations orales, apparues à une époque où la langue prononce identiquement *in* et *ain*, *an* et *ent*, ne pouvaient prendre, en se dérivant, une prononciation que ne contiennent pas leurs radicaux; l'aspect de ces deux mots décèle leur origine, qui est récente et populaire. Des professeurs eussent forgé *ornementiste*, comme ils ont forgé *goncourtiste*, qu'ils opposent à *goncouriste*, forme vraie puisqu'elle est la seule qui ne déforme pas la sonorité du radical. De *fusain* ils auraient fait *fusainniste*, mais comment marquer la nasalisation de *ain*? *Fusainniste*, c'est *fusainiste*, lequel tend à *fuséniste*, lequel était destiné à devenir *fusiniste*, selon la gamme implacable *a e i o u*. Il est possible que le mot actuel ait passé par ces diverses étapes, lentement ou rapidement; nous n'en savons rien. Quant au mot *sacristine*, il est probable qu'il vient de *sacristie* et non de *sacristain*. Tout cela d'ailleurs est insignifiant et il semblera puéril d'indiquer que *salope* est un substantif et *salaud*, un adjectif, et que, loin d'être le masculin et le féminin l'un de l'autre, les deux mots semblent d'origine différente (1).

M. Deschanel demande : A quoi sert *baser*, puisque l'on possède *fonder* ? « S'il entre, je

---

(1) Le dernier chapitre du livre de M. Deschanel est une petite excursion étymologique qui ne semble pas toujours très heureuse. On ne peut vraiment lui concéder que *exaucer* vienne de *exaudire; bal, pompe* et *marmot* du grec βαλλω, πομπη, μορμω. Le grec classique n'a rien donné directement et n'a rien pu donner au vieux français. *Contre-danse* n'est pas la corruption de l'anglais *country-dance*, — au contraire. *Gosse* n'est aucunement l'apocope du mot problématique *bégosse*. *Gosse* est l'abrégé de *gosselin* et cela est tellement évident que son féminin, demeuré intact, est *gosseline*. « Le mot *budget* est notre ancien mot *pouchette, bougette* »; nullement; *pouchette* et *bougette* sont deux mots très différents : l'un est venu en français de l'anglo-saxon *pocca, poche, pouche, pochette, pouchette;* l'autre est le latin *bulga* qui a fourni *bouge, bougette*, et ce dernier mot, au sens de sac, bourse, magasin, trésor, est entré légitimement en anglais avec le dialecte normand. Le verbe *bouger* est d'une autre famille; il est né du latin *bullicare*, pendant que *bullire* donnait *bouillir*. Tout cela est bien élémentaire, mais l'histoire des mots a son importance et contient sa philosophie, quand elle est exacte.

sors », dit Royer-Collard, quand on discuta la venue au dictionnaire de ce verbe excellent et de forme élégante. Voilà une parole et un geste que nous ne pouvons plus comprendre. Royer-Collard ne savait pas que beaucoup des mots dont il protégeait l'aristocratisme contre cet intrus ingénu n'étaient eux-mêmes que des parvenus que le xviie siècle avait méprisés. Le *Dictionnaire néologique* de l'abbé Desfontaines raille comme prétentieux, ridicules et outrecuidants, une quantité de mots alors nouveaux dans le bel usage. L'opuscule est précédé d'une lettre de Jean-Baptiste Rousseau qui est curieuse parce qu'elle est éternelle comme la plainte du vieillard : « Il règne aujourd'hui dans le langage une affectation si puérile, que le jargon des *Précieuses* de MOLIÈRE n'en a jamais approché. Le style frivole et recherché passe des Caffés, jusqu'aux tribunaux les plus graves, et si Dieu n'y met la main, la Chaire des Prédicateurs sera bientôt infectée de la même contagion. Rien ne peut mieux réussir à en préserver le Public, que quelque Ouvrage qui en fasse sentir le ridicule : et pour cela il n'y a autre chose à faire que de lui présenter, dans un Extrait fidèle, toutes ces phrases vuides et alambiquées, dont les nouveaux Scudéris de notre temps ont farci leurs ouvrages, même les plus sérieux. » On n'est pas très surpris en lisant ce dictionnaire d'y trouver voués à la réprobation des honnêtes gens des mots tels que : Agreste, amplitude, arbitraire, assouplir, avenant; « *aviser*, pour dire *découvrir de loin*, est un mot bas et de la lie du peuple »; broderie, coûteux, coutumier, découdre défricher, sont tenus pour des termes incompatibles avec la littérature, et on rejette encore : détresse, émaillé, enhardir, équipée, germe, geste, etc. Ce n'est qu'après avoir consulté la liste de l'abbé Desfontaines que l'on comprend bien la question de M. Deschanel. A quoi sert *baser?* A quoi sert *enhardir?* demandait l'abbé Desfontaines.

Francis Wey, en 1844, se posait d'analogues questions. A quoi bon, disait-il, *imagé, aisance, exorable, inepte, injouable, invendu, insuccès? Clarifier*, au figuré, est « une lourde faute », et il faut répudier encore *incuit, motiver* et *chevalin*. Mais son goût pur ne lui inspirait aucune répugnance pour *phlébotomiser!* Nodier, plein de grec, affirme que *déraison* est un barbarisme; les grammairiens de son temps écartent comme incongrus *aventureux, valeureux, vaillance.*

Après et malgré toutes mes objections, il m'est très facile de reconnaître l'intérêt du livre de M. Deschanel et la justesse de beaucoup de ses remarques. Il ne lui a vraiment manqué qu'un principe pour faire une œuvre solide et qui fût autre chose qu'un « Dites et Ne Dites pas ». Il accueille *cercleux* et refuse *moyenâgeux*, il consent à *télescoper* et recule devant *écoper*. On ne sait pourquoi. C'est le sentiment introduit dans la linguistique; les mots sont jugés bons ou mauvais selon qu'il plaît et sans que l'on soit tenu à fournir un motif valable et discutable. Si l'on n'admet pas, comme jadis, l'autorité absolue de l'usage, du bel usage, on n'a pour guide que son propre goût; mais on aurait plus de chances de le faire prévaloir, à écrire en beau style quelques livres de forte littérature qu'à recueillir des anecdotes philologiques. L'opinion de Voltaire ou même celle de Littré, ou même celle de M. Bréal, m'importe peu si elle n'est qu'une opinion. « Le langage actuel de telles écoles littéraires serait-il compris de nos écrivains du xviie et du xviiie siècle? On en peut douter... » Il faut qu'on en puisse douter, car nous écririons en vain, plagiaires misérables, si nous n'écrivions différemment non seulement de Fénelon, mais de Jean-Jacques et de Chateaubriand. Et Villehardouin aurait-il compris Bossuet et Villon aurait-il compris Racine? Le rêve de M. Deschanel, c'est donc l'imitation et l'immobilité? Il reconnaît cependant lui-même que les langues se modifient sans cesse; mais il ajoute : « Ce n'est pas toujours en bien. » Rien de plus juste, mais comment reconnaîtrons-nous le bien et le mal?

Quels que soient les changements et, si l'on veut, les déformations que l'usage lui impose, une langue reste belle tant qu'elle reste pure. Une langue est toujours pure quand elle s'est développée à l'abri des influences extérieures. C'est donc du dehors que sont venues nécessairement toutes les atteintes portées à la beauté et à l'intégrité de la langue française. Elles sont venues de l'anglais : après avoir souillé notre vocabulaire usuel, il va, si l'on n'y prend garde, influencer la syntaxe, qui est comme l'épine dorsale du langage; du grec, manipulé si sottement par les pédants de la science, de la grammaire et de l'industrie; du grossier latin des codes que les avocats amenèrent avec eux dans la politique, dans le journalisme, et dans tout ce que l'on qualifie science sociale. Ces ruisseaux si lourdement chargés de sable et de bois mort ont encombré la langue française : il suffirait de les dessécher ou de les dériver pour rendre au large fleuve toute sa pureté, toute sa force et toute sa transparence.

II

Pour blâmer la déformation linguistique, M. Deschanel s'est placé au point de vue de l'usage et de la correction académique. C'est aussi ce qui a guidé le colligeur de l'*Almanach Hachette* pour la présente année 1899. Ce modeste et anonyme défenseur du beau langage a recueilli environ trois cents fautes (à ce qu'il écrit) de français, et il les a redressées courageusement. Il ne donne pas d'explications ; il enjoint. C'est un *Dites, Ne dites pas* dans toute la sécheresse brutale de ces sortes de manuels et intitulé avec fermeté : *Si nous parlions français?* Il fallait peut-être plus de modération, car l'opinion de Malherbe sur l'excellence du parler de la place Maubert a toujours sa valeur, et il y a un usage obscur qui souvent sera l'usage universel, demain. Vaugelas dit innocemment : « Dans les doutes de la langue, il vaut mieux pour l'ordinaire consulter les femmes et ceux qui n'ont point étudié que ceux qui sont bien sçavans en la langue Grecque et en la Latine. » Et Vaugelas, vraiment, ne trompe jamais.

Trois cents déformations populaires ; voilà un répertoire curieux et qui va peut-être nous permettre de reconnaître quelques-unes des tendances auxquelles obéissent les déformateurs. Il est très certain que les lois qui ont présidé à la naissance du français continuent de guider sa vie et que l'*Almanach* Hachette lui-même est impuissant à modifier le gosier d'une race (1). Nous disons *statue* par politesse et par peur;

---

(1) Au tome II de son *Origine et formation de la langue française,* Chevallet a montré la permanence des lois linguistiques qui ont formé le français.

pour ne pas contrarier nos maîtres et pour ne pas déchoir dans l'estime de nos contemporains. Mais dès que la politesse ou la peur n'ont plus de prises sur nous, nous disons *estatue* avec délices. C'est pourquoi je voudrais passer en revue presque toutes ces trois cents déformations et me rendre compte si, dans tous les cas, le déformateur est bien du côté que croit M. Deschanel, avec tout le monde et avec le précieux Anonyme.

Il ne s'agit pas de contester l'usage (l'usage est comme l'âme et la vie des mots, dit encore Vaugelas), ni de donner de pernicieux conseils : l'Anonyme a toujours raison; il s'agit seulement de montrer que la déformation est beaucoup moins capricieuse que ne le croient les professeurs d'orthographe.

Estatue

Aucun mot français véritable, c'est-à-dire d'origine populaire, ne commence par *st*, *sc*, *sp*, non plus que deux consonnes quelconques, à l'exception des liquides *l*, *r* précédées de *b*, *c*, *g*, *p*, etc. Pour *st* en particulier, tous les mots de cette sorte venus de l'italien ont pris la forme initiale *est*, à l'exception de *stance*, *stuc* et *stylet*, qui ne descendirent jamais, ou descendirent trop tard, à l'usage populaire :

Stoccata	Estocade
Saffetta	Estafette
Staffiere	Estafier
Staffilata	Estafilade
Stampa	Estampe
Strada	Estrade (route, batteur d'estrade)
Strato	Estrade (plancher)
Stramazzone	Estramaçon
Steccata	Estacade
Stroppiare	Estropier.

Ces mots ne sont pas de formation populaire originale; ils ont seulement été remaniés par le peuple à mesure qu'ils arrivaient à sa portée. La vraie formation populaire se trouve dans les mots de cette sorte venus anciennement du latin : *esturgeon*, de *sturionem* ; *estragon*, de *draconem*; *étape* (autrefois *estaple*), de *stapula*, flamand *stapel*; *étain* (autrefois *estain*), de *stannum* ou *stagnum*. Dès le ve siècle, on relève dans les inscriptions de la Gaule : *iscala*, *ispiritus*, *ispes*, *ischola*, *istudium*, etc. (1).

(1) Le Blant, *Epigraphie*.

Celui qui dit : des *estampes* et des *estatues* parle-t-il plus mal, en théorie, que celui qui dirait : des *stampes* et des *statues?*

Fanferluche. Palfernier. Pimpernelle. Sersifis.

Le trait commun aux trois premiers de ces mots populaires c'est la transposition de l'*r* et de l'*e*, *re* devenu *er*. C'est le contre-courant de la tendance normale, qui est le changement de *er* en *re*. *Berbis*, latin *berbicem*, a donné *brebis* ; *beryllare* a donné *briller*. *Fanfreluche* vient de l'italien *fanfalucca* ; *palefrenier*, de *paraveredus* ; *pimprenelle*, de *pimpinella*. Ils devraient donc être : *fanfeluche*, *palefredier* et *pimpenelle* ; les trois formes correctes sont des corruptions.

Quant à *sersifis* pour *salsifis*, l'original étant l'italien *sassefrica*, le mot le plus déformé est évidemment celui qui a passé dans la langue générale. *Sersifis* n'est pas plus irrégulier que *breuvage*, de *biberaticum*, ou *frange*, de *fimbria*. *Salsifis* est sans doute plus récent que *sersifis;* on y trouve, comme dans les mots suivants, *l* remplaçant *r*.

Angola. Colidor. Flanquette.

Ainsi l'italien *garbo* a donné *garbe*, encore employé par Ronsard, lequel est devenu *galbe;* ainsi *bureter* est devenu *buleter*, puis *bluter;* ainsi *carandrion, calandre; peregrinus, pèlerin,* etc.

Angola est la déformation naturelle de *Angora*. Tout le monde connaît le titre du petit roman écrit au dernier siècle, *Angola, histoire indienne.*

Nentilles. Esquilancie

Ainsi *liveau*, latin *libella*, est devenu *niveau;* ainsi *colucula* a donné *quenouille;* ainsi *marle* de *margula, pesle*, de *pessula, posterle*, de *posterula* sont devenus *marne, pène, poterne.*

Dans *esquilancie*, c'est le changement contraire : *n* est devenu *l*. Rien de plus raisonnable ; en effet :

Orphaninus   Orphelin

Quaternionem   Carillon
Bononia   Bologne
Intranea   Entrailles

L'ancien français *fanot* est devenu *falot*.

Cangrène. Franchipane. Reine-Glaude. Cintième.

Ce sont des changements :

1° de *g* en *c*. En beaucoup de mots d'origine commune aux trois langues, le *g* de l'italien et de l'espagnol est représenté en français par un *c*. *Crier*: *gritar, gridare*; *Crèche*: ital. *greppia*. Le *g* et le *z* italiens deviennent souvent *c* en français : *Gabineto*, cabinet ; *zagrin* (vénitien), chagrin. Cela se rencontre également au passage du latin au français : *mergus*, marcotte, anciennement *margotte*. Il y a un exemple de *g* latin devenu *ch* : *pergamenum*, parchemin.

2° de *c* en *g*. C'est le changement normal ;

Aquila   Aigle
Ciconia   Cigogne
Cicala   Cigale
Cicuta   Ciguë

Nodier signale la prononciation *Glaude*; tous

les dictionnaires, à *second*, indiquent avec le mot et ses dérivés se disent *segond; secret* a eu la même tendance.

3° du *c* dur ou *q* en *t*. Il y a des exemples du contraire : *craindre* vient de *temere ;* carquois était jadis *tarquois* venu du grec de Byzance, ταρχασιον (turc, *turkash*). Le *t* pour le *c* dur se trouve en latin: *quinque, quintus,* ce qui correspond à la déformation française ; *taberna* et *caverna ; torquere, tortura,* l'italien *busto* a donné *buste* et *busc.* En français on peut noter *tabatière* pour *tabaquière,* peut-être *abricotier* pour *abricoquier* et, plus sûrement, la forme populaire parisienne, *chartutier* pour *charcutier,* et l'argot *patelin* (pays), au xvie siècle *pacquelin*.

Sesque. Prétexe. Esquis.

L'*x* latin se change volontiers en *sc*, *sq*, au lieu de *s* et *ss.* *Lâcher*, de *laxare*, est dans la *Chanson de Roland* sous la forme *lasquer; myxa* a donné *mesche*, devenu *mèche*.

Prétexte, que le peuple dit *prétèxe*, deviendra peut-être *prétesque* ou *prétesse*. La forme actuelle est particulièrement hostile.

Rien de plus normal que *esquis* :

Exagium	Essai	*Examen*	Essaim
Excorrigata	Escourgée	*Axiculum*	Essieu
Excussa	Escousse	*Exaurare*	Essorer

Vermichelle

Exemple d'une forme orale qui s'est transmise intacte, concurremment avec une forme écrite. En effet, l'original italien s'écrit *vermicelli* et se prononce *vermichelle* (ou *tchelle*).

Castrole.

Ce mot, en effet très vulgaire, indigna M. Deschanel. Il se plaint que *cassole* ait déjà été déformé en *casserole*, quoique *cassole* appartienne à une autre série, que *cassolette* vienne de l'espagnol et que *casserole* soit un dérivé direct de *casse*, poëlon. Il y a en français un diminutif en *role;* exemples :

Ligne	*Lignerole*	(Ficelle)
Mouche	*Moucherolle*	(Oiseau)
Museau	*Muserolle*	(Partie de la bride)
Roux	*Rousserolle*	(Fauvette)
Fève	*Fèverole*	
Flamme	*Flammerolle*	
Feu	*Furolles*	(Feux-follets)

Fusée	*Fusarolle*	(Terme d'architect.)
	Fuserolle	(Terme de tissage)
Bande	*Banderole*	
Barque	*Barquerolle*	(Petit bateau, coffre, pâtisserie).
Bout	*Bouterolle*	(Terme de serrur.)

A cela on ajoute sans surprise aucune :

Casse   *Casserole* (1)

Castrole n'est pas plus mystérieux. Phonétiquement, *casserole* équivaut à *cas'role*. Or une dentale s'intercale normalement entre *s* et *r* au passage du latin en français ; c'est ainsi que se sont formés, par l'adjonction d'un *t* ou d'un *d*, nombre de mots qui, dans l'original latin, n'ont aucune dentale :

Croistre / *Croître*	*Crescere*
Ancestre / *Ancêtre*	*Antecessor, ancessor*
Estre / *Etre*	*Essere*
Cousdre / *Coudre*	*Consuere*

(1) Quant à savoir pourquoi de ces mots les uns ont un *l* et les autres deux, c'est le secret des grammairiens.

Le latin faisait ces intercalations de dentales ; on trouve dans les graffiti de Pompéi *sudit* pour *suit*, ce qui suppose *sudere* et *consudere* pour *suere* et *consuere*.

Brachet cite : *tonstrix* pour *tonsorix* et même *Istraël* pour *Israël*. Il ajoute, ce qui me dispense d'un plus long commentaire : « Le peuple, toujours fidèle à l'instinct, continue cette transformation euphonique et dit *castrole* pour *casserole*. »

Eléxir. Gérofle. Géroflée. Gengembre. Gigier.

Déformations de déformations, ces mots ne doivent pas inspirer une horreur sans mélange. *Elixir* est une adaptation de l'arabe *al-aksir*, quintessence; *gingembre*, anciennement *gingibre*, puis *gingimbre*, vient de *zinziber* ; *girofle* représente le gréco-latin *caryophillum*, d'abord *chériofle*, puis *gériofle* ; *gésier*, qui est le latin *gigerium*, est plus anormal que *gigier*, et ne l'est pas moins que *gisier* et *jugier*, formes que donne encore l'abrégé de Richelet de 1761.

Chaircutier.

Cette manière de dire qui a précédé la manière actuelle, et qui est celle que J.-J. Rousseau emploie, est elle-même une déformation de *chaircuitier*, marchand de *chair cuite*. Le mot aujourd'hui en usage est assez récent, et récent aussi le verbe *charcuter*, qui n'a pu être fait qu'à un moment où ses éléments n'avaient plus de sens direct.

Crusocale. Poturon.

Tous les traités vous diront que *y* se transforme naturellement en *u;* le bas latin écrit *bursa* et *byrsa*, *crypta* et *crupta*. Mais nous n'avons plus à différencier *i* et *y* et il suffira de noter que l'*i* latin, lui aussi, s'est changé jadis assez volontiers en *u* (1) :

Affiblare	Affubler
Sibilare	Subler (2)
Fimarium	Fumier
Piperata	Purée

(1) « J'ai appelé *perriches* celles de l'Amérique, pour les distinguer des *perruches* de l'ancien continent ; ce nom de *perriche* est assez en usage. » Buffon, *Lettre à l'abbé Bexon*.

(2) En bourguignon. Ce « biau marle qui *subloit* tant haut ». *Le Pedant Joüé*.

Casibula	⎫ Chasuble
Casib'la	⎬
Zizyphum	Jujube

Ce dernier mot est à lui tout seul la justification de nos deux monstres modernes.

Lévier.

Évier rappelle le lointain moment de la langue où *aqua* était devenu *eve*. Dunn, dans son *Glossaire canadien*, cite la forme agglutinée *lévier* (pour l'évier) comme champenoise; au Canada on dit aussi *lavier* et même *lavoir*. L'agglutination de l'article s'est faite sous l'influence de ce dernier mot. Cette corruption curieuse est aujourd'hui répandue à Paris, où le peuple dit *le lévier*. Elle est, on le sait, tout à fait dans les habitudes de la langue (1).

Pariure.

Excellent mot qui a plusieurs analogues dans la langue. *Pariure*, pour *pari*, est tout aussi légitime que *parure* ou que le vieux français *parléure*, malheureusement perdu sans compensation. Il y a cinq ou six cents mots en *ure*

(1) Voir pages 97 et 187.

dans le dictionnaire; de quel droit les grammairiens veulent-ils condamner *pariure* quand ils respectent *reliure*, *sciure*, *pliure* et même *chiure* de mouches?

Mairerie. Seigneurerie. Chrétienneté.

Ne dites pas... Sans doute, mais si nous disions : *sucrie, trésorie, verrie, serrurie,* que diraient les grammairiens? Là encore le peuple a raison; le suffixe est bien *rie* et non *ie : toile-rie, tapisse-rie, tanne-rie, poudre-rie, maire-rie* (1).

Il y a des mots en *té* de deux sortes : ceux qui viennent directement du latin, *fierté*, de *feritatem*, *chrétienté*, de *christianitatem;* et ceux où *té* est précédé d'un *e* et qui semblent des formations analogiques postérieures au moyen de l'adjectif féminin. Sauf exceptions, puisque *puritatem* a donné *pureté; chrétienneté* n'est pas plus extraordinaire, mais il est inutile.

Nage. Consulte. Purge.

Nage, pour *natation; consulte*, pour *consul-*

---

(1) Ou du moins il est devenu *rie,* la finale *ie* s'ajoutant presque toujours à l'infinitif du verbe.

tation; *purge,* pour *purgation* : il suffit d'écrire ces mots successivement pour rejeter les mauvais, — ceux qui sont en usage. Ce sont des substantifs verbaux, comme il y en a des milliers en français. *Purge* est d'ailleurs resté comme terme de droit et *nage* vit dans une locution.

Se revenger. Rancuneux. Enchanteuse. Corrompeur.

Pour n'être pas admis par les arbitres, ces mots 'n'en sont pas moins de bonnes formes françaises.

Venger appelle *revenger.*

Rancuneux fait penser à la querelle du xviie siècle sur *matineux* et *matinier,* à propos du sonnet de la « Belle Matineuse ».

Enchanteuse, qui était inévitable, n'est pas déplaisant. Quant à la logique des féminins attribués aux mots en *eur,* il suffit de citer *cantatrice, enchanteresse* et *chanteuse* pour montrer que, dans cet ordre de finales, la langue se permet toutes ses fantaisies.

Corrompeur, rapproché de *corrompu,* est très logique.

Regaillardir.

Au lieu de la forme usitée *ragaillardir*. Il y a *rebouter* et *rabouter* ; *radoter* fut d'abord *redoter*.

Cambuis.

Richelet (1680) constate que l'on dit du *buis* et, plus généralement, du *bouis* ; ces deux formes ont sans doute été aussi en usage pour la finale du mot que le vieux français écrivait *cambois*.

Comparition.

Etant donnés *apparitio* et *comparitio*, il eût été sage de ne pas faire de l'un *apparition* et de l'autre, *comparution*. Mais *comparution* et *parution*, tout court, que l'on commence à rencontrer, prouvent du moins qu'il n'est pas nécessaire d'être du bas peuple pour changer les *i* en *u*.

Parution est le *poturon* des grammairiens.

Contrevention.

Ne se dit pas. Sans doute, mais dirons-nous : *contrabande, contracarrer, contradire?*

Coutumace.

Ecrit ainsi, le mot est un peu moins mauvais ; il rentre dans la logique de la vieille langue, au moins pour sa première syllabe :

Constare	Coûter
Consuetudinem	Coutume
Conventum	Couvent

Dinde. Nacre.

Il est convenu que le premier est exclusivement féminin. Mais comme *dinde* est l'abrégé de *coq d'Inde* aussi bien que de *poule d'Inde*, la décision des grammairiens est un peu hardie. Il est vrai qu'il y a *dindon*, mais seulement dans les basses-cours. *Dinde* est un exemple, peut-être unique, de la préposition *de* s'agglutinant avec un substantif pour former un autre substantif (1).

(1) Du moins dans la période moderne de la langue.

Le peuple dit du *nacre ;* ce mot, qui semble venir du persan *nakar*, est entré en français par l'intermédiaire de l'espagnol, où il est masculin, *nacar*.

e devenant *i*.

Une des tendances de l'*e* long latin est de se transformer en *i*. Déjà, aux temps mérovingiens, on écrivait *ecclisia, mercidem, possedire, permanire ;* au passage du latin en français, ce fait se retrouve constamment : *cire (cera), fleurir (florere), raisin (racemus).* Il se perpétue et le peuple dit : *fainiant, moriginer, pipie, recipissé, resida, sibile, batiau, siau.* Ce dernier mot n'est pas plus étonnant que *fabliau*, jadis *fableau*.

Pomme d'orange. Jardin des Olives.

Les fruits dont les arbres sont inconnus portent le même nom que cet arbre. Dans le nord de la France, il n'y avait jadis qu'un mot pour dire *orange* et *oranger*, *olive* et *olivier*, et ce mot était celui qui est demeuré pour désigner le fruit. Pomme d'orange, fleur d'orange, plantation de café, jardin des Olives : toutes ces expressions sont fort logiques. Nous disons de même, et sans être blâmés par les grammairiens : noix de coco, noix de kola, fleur de cassis, clou de girofle, etc. Mais il est plus facile de blâmer que d'expliquer et de comprendre.

Bivouaquer.

Bivac, de l'allemand *beiwache*, étant devenu *bivouac*, il est fâcheux que *bivaquer* ait été arrêté en chemin par la fantaisie des arbitres.

Airé.

Bien meilleur que *aéré*. Il faudrait oser s'en servir.

Laideronne.

Par ce féminin, le peuple achève de faire vivre le mot *laideron*.

Fortuné.

Fortuné prend le sens de *riche* ; il suit l'évolution de *fortune*, et les grammairiens n'y peuvent rien. C'est un barbarisme, disait Nodier en 1828; mais les mots qui veulent vivre sont tenaces. *Incarnat,* que les dictionnaires définissent : entre rose et rouge, ne contenait pour Voltaire que l'idée de *carnation :* « Votre peau, dit Cunégonde à Candide, est encore plus blanche et d'un incarnat plus parfait que celle de mon capitaine. »

Carbonate.

Voilà des années que les grammairiens font la chasse à ce mot. « Dites : du carbonate de soude ! » De tous les carbonates, un seul est usuel et son usage est constant ; on le tire de la foule, on le spécifie, et avec quelle simplicité de moyens : par un changement de genre. *La,* au lieu de *le,* et voilà un mot nouveau, clair, vrai. Il sera dans les dictionnaires avant dix ans.

Jor. Jornal. Ojord'hui.

Ce sont des prononciations archaïques.

Jour a d'abord été *jorn,* puis *jor ; journal* a été *jornal.* Au xviie siècle, on prononçait *ojord'hui.*

Écale. Écaille.

Ce sont deux orthographes d'un même mot.

Le peuple avoue ne pouvoir les distinguer. En fait, la répartition de deux sens différents aux deux orthographes est absolument arbitraire. *Écale de noix* exige *écale d'huître;* et, d'autre part, il y a loin des *écailles* d'une carpe à l'*écaille* de la tortue. Ici encore l'intervention des grammairiens a été mauvaise. *Écale* est le mot primitif; il vient de l'allemand, où la forme ancienne était *schalja*. Aujourd'hui *schale* veut dire indifféremment *écale* et *écaille;* en français les deux formes ont des sens tellement voisins qu'on les confond dès que l'on sort des locutions usuelles. On a voulu réserver *écaille* pour les poissons et *écale* pour les végétaux; c'est d'après le même principe de répartition enfantine et hiérarchique qu'un grammairien avait décidé jadis de n'accorder au bouillon que des *œils :* *yeux* lui semblait trop noble pour une constatation aussi vulgaire. Peut-être même assignait-il à ces *œils* une étymologie particulière; ainsi le plus répandu des petits dictionnaires manuels a soin de spécifier que *écaille* vient du latin *squama*, ce qui est absurde (1).

(1) Il y a peut-être à ces pluriels, *œils, ciels,* etc., une raison véritable. Changer un mot à une signification nouvelle,

Ecale et *écaille* sont des formes parallèles à *métal* et *métail*, entre lesquels on avait voulu aussi faire une distinction (1). *Métail* a disparu.

Maline. Echigner.

L'usage impose *échiner* et *maligne*; il impose aussi *cligner*, mais *clin* (d'œil) témoigne qu'à un moment de la langue on a dit *cliner*. *Peigne* a d'abord été *peine*. *Maline*, qui est dans La Fontaine, est une forme plus ancienne que *maligne*, refait sur le latin écrit. *Echigne*, de *skina*, est identique à *cligner* de *clinare*. Du temps de Vaugelas, on disait à la cour *preigne* et *viegne* pour *prenne* et *vienne*. La langue n'a pas encore choisi un son unique pour cette finale; il serait bien prématuré de poser des règles.

c'est, en somme, un autre mot. Or la langue ne peut plus à cette heure attribuer à un mot nouveau un signe du pluriel autre que l'*s*. Cela est très sensible à *ciel*, qui fait son pluriel en *s* dans toutes ses significations métaphoriques, celle de paradis exceptée; mais elle est très ancienne.

(1) Victor Hugo, dans un *erratum* du tome II de la Légende du beau Pécopin : « Le *métal* est la substance métallique pure; l'argent est un *métal*. Le *métail* est une substance métallique composée; le bronze est un *métail*. » Pure imagination. *Métail* et *métal* sont des doublets du latin *metallum*. La forme populaire se retrouve dans *médaille*, venu de l'italien; de *metallia*, le vieux français avait tiré *maille* (monnaie).

Farce. Flegme (1).

Ces mots sont devenus des adjectifs parmi le peuple. Rien de plus normal. Il en est de même de *colère*. J'ai entendu cette phrase : « Vous avez agi d'une façon *cruche*. » Le substantif qui implique une idée de qualité, de manière d'être, tend naturellement à devenir un adjectif; c'est le passage du particulier au général. L'inverse est tout aussi fréquent; une idée générale de qualité se particularise en substantif : de là des mots comme *baudet, renard*, qui signifiaient d'abord, *gai* et *rusé*. Pour expliquer *cruche*, il suffit de citer *bête, butor, andouille, brute, pioche, daim, tourte, jocrisse*, mots qui, avant d'être à la fois des adjectifs et des substantifs, furent d'abord exclusivement des substantifs.

Dompeteur.

Cette prononciation absurde est un des méfaits de l'orthographe enseignée à des enfants du peuple. On ne sait d'ailleurs où des huma-

---

(1) *Flegme* est d'un langage bien académique. Il y a longtemps que le peuple, avec raison, dit *flemme, flemmard*, etc. On trouve *flemme* et *fleume*, au xvi° siècle.

nistes ont pris le *p* dont ils ornèrent ce mot. L'ancienne langue disait *donter*, ce qui représente le latin *domitare*.

Le cheval à mon père.

C'est une des tristesses des grammairiens que, malgré leurs objurgations, on continue à marquer la possession par *à* aussi bien que par *de*. « Ce chien est à moi, dirent des enfants. » Ils autorisent : *ce cheval est à mon père*; ils défendent : *le cheval à mon père*. Hélas! cette faute remonte exactement au ve siècle, puisqu'on lit sur un marbre de cette époque *membra ad duos fratres*, pour *membra duorum fratrum* (1). Voilà un solécisme qui a de belles lettres de noblesse.

Mésentendu.

Prohibé par les grammairiens, quoique excellent, de même que *mésaventure*, *mésetime*, et d'autres.

Perclue.

Une langue ressemble à un jardin où il y a

(1) Le Blant, *Epigraphie*.

des fleurs et des fruits, des feuilles vertes et des feuilles tombées, où, à côté du définitif, il y a la vie, la croissance, le devenir. On a cherché depuis trois siècles à figer ce jardin dans cette attitude contradictoire ; de là, ces incohérences qui permettent de rédiger des grammaires en quatre volumes. Il faut bien justifier *inclus* et *exclu*, *reclus* et *conclu*, *incluse* et *conclue*, *recluse* et *exclue*. Je sais : les uns sont des participes français et les autres des adjectifs latins mal francisés. Laissons le peuple dire *perclue*, puisqu'il le veut bien. La tendance est bonne.

Eclairer. Allumer.

On entend assez souvent cette expression qui semble bizarre : *éclairer le gaz*. Elle nous choque, quoiqu'elle soit identique à *allumer le gaz*, puisque *allumer*, c'est *adluminare*, donner de la lumière à..., comme *éclairer*, c'est donner de la clarté à... Il est curieux de retrouver, à tant de siècles de distance, la même méthode linguistique aboutissant au même résultat.

A fur et à mesure.

Cette déformation reproduit exactement le

latin *ad forum et ad mensuram*, au prix et à mesure. Ce *forum* est le même qui figure dans *forfait*, prix fait, marché fait, *forum factum*.

Secoupe.

Et même *s'coupe*. Ainsi *succussare* a donné *secouer*, qui maintenant est assez souvent *s'couer*. *Secourir*, c'est *succurrere*. *Soucoupe*, malgré son sens très clair, devait devenir *secoupe*.

Vous faisez.

Ceci représente brutalement la tendance de la langue française à ramener tous ses verbes à la première conjugaison. L'Anonyme cite *agoniser* pour *agonir* (de sottises) ; il y en a bien d'autres, et on les constaterait surtout dans le langage des enfants. J'ai entendu : *buver, cuiser, romper, pleuver, mouler, chuter* pour *boire, cuire, rompre, pleuvoir, moudre, choir*. Aujourd'hui, il est impossible de créer un verbe français qui ne se conjuge sur *aimer*. On a abandonné depuis longtemps *tistre* pour *tisser*, *semondre* pour *semoncer* ; *imbiber* remplace *imboire*, qui devient archaïque ; on oublie *émouvoir* et l'on abuse d'*émotionner*.

Prévu d'avance.

On connaît par ses affiches la société des « Prévoyants de l'Avenir ». Ce pléonasme apparent s'explique par l'affaiblissement de la signification de certains mots. *Prévoir* n'a plus un sens absolu pour le peuple; mais nous-mêmes ne disons-nous pas, sans rougir, *prédire l'avenir?*

C'est encore à ce besoin de renforcement que répondent les expressions : *monter en haut, dépêchez-vous vite,* et les locutions plus populaires, *regardez voir, voyez voir.* Vaugelas disait, à propos de certains pléonasmes d'usage, que « la parole n'est pas seulement une image de la pensée, mais la chose même », laquelle se représente d'autant plus nettement que la phrase est plus descriptive de l'acte.

Promener.

Il y a une tendance à supprimer le pronom réfléchi dans les phrases : je vais me promener, — me coucher, — me baigner, etc. L'expression toute récente, *se cavaler,* est déjà devenue *cavaler.* J'entendis hier les enfants abandonnant un camarade dire : *Cavalons, il nous rejoindra*.

Cependant, Vaugelas écrivait au mot *promener* : « Tantôt il est neutre, comme quand on dit : Allons promener ; il est allé promener ; je vous enverrai bien promener. » Il est donc possible que la manière populaire de traiter *promener* soit un archaïsme (1).

Raisons.

Le peuple emploie ce mot, au pluriel, comme synonyme de discussion, difficultés, querelle et même injures. Quelque jour, ce sens passera dans les dictionnaires. *Mots* et *paroles* ont également ces mêmes significations, peut-être atténuées.

Voix de Centaure.

C'est un exemple amusant d'étymologie populaire. On exprime par ce terme la tendance du peuple à ramener l'inconnu au connu.

Il ignore *Stentor* ; centaure lui est moins

---

(1) Vaugelas revient souvent ici parce que son livre est toujours précieux. On a suivi l'édition de 1662 : *Remarques sur la langue françoise utiles à ceux qui veulent bien parler et bien escrire*. Vaugelas fut un observateur de premier ordre.

étranger : cela suffit pour influencer son oreille, ensuite sa langue. Quel rôle cette habitude a-t-elle joué dans la formation du français ? On n'a jamais tenté de l'établir et cela serait peut-être impossible. Cependant, c'est sans doute ainsi qu'on expliquerait certains mots tels que : *marjolaine, échalotte, ancolie, érable, camomille, étincelle, licorne,* et d'autres que l'on a signalés parmi ceux qui échappent aux explications phonétiques. Si c'est *amaracana* qui est l'original de *marjolaine,* il faut que le mot français ait subi une influence analogue à celle qui a transformé récemment *olénois* en *à la noix* et jadis *galatine* en *galantine.* Quoi qu'il en soit, voici quelques-unes des explications que se donne à cette heure le peuple, des mots qu'il ne comprend pas :

Voix de Centaure	(Stentor)
Cresson à la noix	(Alénois, *ollenois, orlenois orléanois*)
Dernier adieu	(Denier à Dieu)
Souguenille	(Souquenille)
Soupoudrer	(Saupoudrer)
Trois-pieds	(Trépied)
Ruelle de veau	(Rouelle)
Semouille	(Semoule)

Tête d'oreiller	(Taie)
Bien découpé	(Découplé)
Écharpe	(Écharde)

Cette dernière mutation est due à *écharper*, verbe qui n'a aucun rapport de sens, ni d'origine, avec *écharpe*; mais il en a avec *charpie*, avec l'idée de déchirer (*carpire*), par conséquent blesser. Il est donc possible que *écharpe*, au sens de blessure, soit très ancien.

Venimeux. Vénéneux.

Le peuple confond ces deux mots, mais sa préférence va au premier, qui est de meilleure lignée. *Vénéneux*, c'est le latin tout cru, *venenosus*. *Venimeux* a été formé de *venin*; on commença par *venineux*, puis le second *n* s'est dissimilé ; en des parlers provinciaux l'*n* est devenu *l* et on dit *velimeux*; en italien, il y a deux formes : *veneno* et *veleno*.

La répartition des deux mots a été tentée, comme pour *écaille* et *écale*, d'après des principes étrangers à la logique linguistique : l'un est bon pour les bêtes ; l'autre, pour les plantes et les minéraux. Ces distinctions sont nécessairement absurdes, la nature étant plus variée que ne peut le concevoir le cerveau d'un grammairien. Nombre de plantes sont *venimeuses* et nombre d'animaux sont *vénéneux*, si on s'en rapporte aux définitions des dictionnaires.

La répartition des mots très voisins de forme se fait lentement et difficilement. Désespérant de jamais sentir la différence trop profonde qu'il y a entre *colorer* et *colorier*, le peuple s'en tire en fabricant *couleurer* qui répond à tous ses besoins dans cet ordre d'idées. Il prendra longtemps encore l'un pour l'autre : *croire* et *accroire*, *envers* et *revers*, *coulé* et *coulis* (1), *épurer* et *apurer*, *étuvée* et *étouffée*, *des fois* et *parfois*, *recouvrer* et *recouvrir*, *passager* et *passant*, *neuf* et *nouveau*, *gradé* et *gradué*, enfin *autour* et *alentour*.

Cette dernière répartition est toute récente et particulièrement arbitraire ; elle a devancé l'usage. A ce propos, il faut noter la certitude plaisante des dictionnaires à cataloguer les mots

---

(1) Il s'agit de cuisine. Il y a un autre mot de même son écrit *coly* par Thévenot (1684), *couli* par B. de Saint-Pierre et que les anglomanes, ignorant toute la littérature française, ont vulgarisé sous la forme absurde *coolie* (Cf. le *Dictionnaire* de Hatzfeld). — Voir la note (1), page 99.

sous les vieilles rubriques scolastiques, à les
figer dans une fonction unique. Cela est très
délicat. Les mots sont souvent des signes à tout
faire, tantôt verbes et tantôt substantifs, ici
adverbes, et là adjectifs ; et à mesure qu'une
langue se dépouille, cela devient plus visible.
Les mots anglais ont ainsi acquis une très
grande liberté d'allures, peut-être parce qu'ils
ont été moins tyrannisés qu'en France. Pour
autour et *alentour*, ce ne sont ni des adverbes,
ni des prépositions, à moins que n'en soient
aussi *au pied, au fond, au cœur, au bas. Tour*
est un substantif et *entour* un de ses dérivés,
comme *atour* et *pourtour*. Au lieu de définir
et de classifier, les dictionnaires devraient se
borner à décomposer de tels mots : *au tour, à
l'entour ;* cela serait plus clair et moins compromettant.

Iniation.

Cette déformation d'apparence bizarre, que
j'ai recueillie personnellement, est des plus caractéristiques comme preuve de la perpétuité des
lois qui ont guidé la création du français. Elle
représente le mot *initiation*, tel que prononcé

et écrit à plusieurs reprises (des centaines de fois) par un commis de librairie. C'est tout simplement la règle de la chute du *t* médial; avec encore un effort, on aurait un mot pareil à tant de vieux mots français (1) :

    Abba-t-ia   Ini-t-iation   Inia-t-ion
    Abba—ye   Ini—iation   Iniai—son

Cette manifestation de l'instinct est une grande leçon.

Voilà. J'ai seulement voulu montrer que la déformation n'est pas du tout cahotique; que le mauvais français du peuple est toujours du français et parfois du meilleur français que celui des grammairiens.

(1) Comparez avec *iniation* l'anglais *coercion* pour *coercition*.

LA MÉTAPHORE

LES BÊTES ET LES FLEURS

Dans l'état actuel des langues européennes, presque tous les mots sont des métaphores. Beaucoup demeurent invisibles, même à des yeux pénétrants; d'autres se laissent découvrir, offrant volontiers leur image à qui la veut contempler. Des actes, des bêtes, des plantes portent des noms dont la signification radicale ne leur fut pas destinée primitivement; et cependant ces noms métaphoriques ont été choisis, assez souvent sur toute la surface de l'Europe, comme d'un commun accord. Il y a là une sorte de nécessité psychologique parfois inexplicable ou même que l'on voudrait ne pas expliquer pour lui laisser son caractère même de nécessité, c'est-à-dire de mystère.

Roitelet.

Telle métaphore semble vraiment s'imposer au nomenclateur. Ayant à nommer l'oiseau appelé *roitelet*, l'idée de *petit roi* est celle qui vient à l'esprit de l'homme : grec, il dit Βασιλίσκος; latin, *regaliolus* (1); allemand, *zaunkœnig* (roi des haies) (2); anglais, *kinglet*; suédois, *kungsfagel* (l'oiseau roi); espagnol, *reyezuelo*; italien, *reattino*; hollandais, *koningje*; flamand, *kuningsken*; polonais, *krolik* (3). Pourquoi? Peut-être parce que le tout petit oiseau porte sur la tête une huppe qui semble l'ironie d'une couronne. Il faut que cela suffise, car on ne peut invoquer ni la phonétique, ni, sans doute, une langue antérieure où toutes les langues auraient puisé, ni les communications interlinguistiques. Il y a bien un conte populaire très répandu où le roitelet joue un

---

(1) *Regaliolus* est le mot de Pline. *Philomela*, le petit poème latin où sont cités tant de noms d'animaux, dit *regulus* :
  Regulus atque Merops et rubro pectore Progne.
  (Edition Nodier, 43.)

(2) L'idée d'habitant des haies, qui se cache dans les haies, subsiste seule dans le danois, *gierdesmutte*, le français *fourrebuisson*, et l'allemand *zaunschlupfer*; celle de petit, dans le vieux hollandais *Dume*, le petit poucet. Voici encore quelques autres noms du *roitelet* : allemand, *Dornkœnig*, roi des épines; saxon, *Nesselkonig*, roi des orties; vieux hollandais, *winterconincsken* et *muijskonincsken*, roi de l'hiver et roi des souris; piémontais : *reatél* et *pcit-re*.

(3) *Kral*, roi. — Dans la transcription des mots suédois et polonais, nous avons dû omettre les signes et les accents inconnus à l'alphabet romain.

rôle important, mais qui ne contient aucune allusion pouvant faire croire que ce soit là l'origine de ce surnom royal. Il reste que le paysan français, devant le minuscule oiseau, a été obligé de dire : *petit roi*, tout comme, vingt siècles plus tôt, le paysan grec.

Cependant si le cas de *roitelet* était unique ou rare; si l'on ne trouvait dans les langues européennes que trois ou quatre exemples de cette sorte, on pourrait imaginer une chanson, un conte, une de ces traditions populaires qui traversent les siècles, les montagnes, et les océans; mais, au contraire, à la moindre recherche les exemples se multiplient et l'on est forcé de ramener la plupart des causes à une seule, la nécessité psychologique. Quelques-uns de ces phénomènes linguistiques sont moins obscurs; c'est quand l'objet nommé ou surnommé est très caractéristique de forme ou de couleur : ainsi l'*able* ou *ablette (albula)* est dite poisson blanc par les Hollandais, les Anglais, les Polonais : *witfisch, white bait, bialoryb;* ainsi le choucabus (à tête; *caput*, chabot (1), caboche) est

---

(1) *Chabot*, poisson à grosse tête, en grec, κεφαλος; en latin *capito;* en latin mérovingien, *cabo*. Cf. chevène ou *juéne* (dia-

aussi pour les Allemands, *kopfkohl*, et pour les Italiens, *capuccio;* ainsi le phénicoptère des Grecs, l'oiseau aux ailes de *flamme*, est pour nous le *flamant*.

Lézard.

M. Michel Bréal, dans sa récente *Sémantique* (2), écrit, à propos de la singularité de certaines métaphores : « Si l'on disait qu'il existe un idiome où le même mot qui désigne le lézard signifie aussi un bras musculeux, parce que le tressaillement des muscles sous la peau a été comparé à un lézard qui passe, cette explication serait accueillie avec doute, ou bien croirait-on qu'il est parlé des imaginations de quelque peuple sauvage. Cependant il s'agit du mot latin *lacertus*, lequel veut dire lézard, et que les poètes ont maintes fois employé pour désigner le bras d'un héros ou d'un athlète. » Mais s'il est surprenant déjà qu'une telle image ait été formée une fois, car elle est très étrange, quoi-

---

lecte de Paris), *chabot* de rivière. (Voyez *Essais de Philologie française*, par Antoine Thomas, p. 261, pour la filiation phonétique). On trouve, au xvi⁰ siècle, *testard, munier, vilain.*

(2) Page 320.

que très juste, et elle aurait pu, certes, ne jamais sortir du réservoir profond des sensations, quel étonnement de la voir périodiquement retrouvée, qu'il s'agisse de *lézard* ou de *souris*, au cours des siècles et des langues! M. Bréal, lui-même, la signale, en grec moderne, où *mys pontikos*, rat d'eau, et par abréviation *pontikos*, signifie aussi *muscle*; *musculus* en latin, et souris en français, ont, comme on le sait, une double et parallèle signification;. il en est encore de même en polonais où souris se dit *mysz* et où le muscle du bras est la petite souris : *myszka*; en suédois et en hollandais, où *mus* et *muis* ont les deux sens. Le hollandais spécifie les muscles de la main. Cependant je viens de lire : « Elle agite ses petits bras de lézard et me dit » (1)...; alors je suis assuré qu'appeler *lézard* le bras est, aujourd'hui comme il y a des siècles, une idée qui peut entrer spontanément au cerveau par l'œil, car je connais l'auteur : il est de ceux qui tiennent à créer leurs images, et s'il a refait la métaphore latine elle-même, c'est qu'elle s'est impo-

---

(1) Jules Renard, *Bucoliques* (1899).

sée à lui, comme elle s'imposa jadis à un poète ou à un paysan romain.

Grue. Chevalet. Chèvre. Singe. Mule, etc.

On a souvent noté que les noms des instruments de force ou des bois de charpente sont empruntés aux animaux ; cette habitude est universelle. Comme nous disons *grue* un oiseau et une machine, les Grecs appelaient γεράνιος l'oiseau et la « gloire » (1), et γεράνιον notre machine vulgaire à lever les fardeaux; les Allemands appellent l'oiseau *kranich* et la machine, *krahn* ; les Polonais disent *zorav* (grue), dans les deux sens ; notre *chevron*, petite chèvre, répond au *capreolus* des Latins ; les Portugais, pour chevron disent *asna* (ânesse); notre *poutre* (2), notre *poutrelle*, notre *chevalet*, notre *poulain* correspondent à *equleus* et le *chevalet* est ιππάριον en grec moderne ; *horse* en anglais veut dire cheval et *chevalet*; les Alle-

---

(1) Argot des théâtres. Machine à soulever les personnages dans les apothéoses.

(2) *Poutre*, c'est pouliche ; on se souvient des « poutres hennissantes » de Ronsard.

mands et les Danois disent un bouc (*bœck*, *buk*), les Flamands et les Hollandais, un âne (*ezel*), ce qui correspond à notre *bourriquet;* le Portugais a *potro* au sens de *poulain* et de *chevalet*. *Chevalet* se retrouve naturellement en espagnol, en italien, en portugais, *cabalette*, *cavalletto*, *cavallete*. *Hebcbock* est le nom allemand de la *chèvre* mécanique que les Anglais confondent avec la grue (*crane*); *chèvre* revient en espagnol, *cabria*, et en portugais, *cabrite*. Le chevron se dit en polonais *koziel*, bouc. Beaucoup de ces mots ont également servi à former des dérivés dont le sens, tout métaphorique, est identique en beaucoup de langues. Un animal qui a échappé à la métamorphose en machine (1), le *singe*, a fourni presque partout un verbe qui est le péjoratif d'imiter et que le grec n'avait pas, ni le latin, malgré la parenté syllabique de *simius* à *simulare*. A côté du français *singe-singer*, il y a l'allemand *affe-nachaffen;* le suédois

(1) Je laisse ceci pour pouvoir dire en note qu'il ne faut jamais affirmer l'inexistence d'une métaphore de ce genre. En effet, pris d'un doute, je cherche et je trouve dans un dictionnaire technique : « *Singe*, machine composée d'un treuil horizontal qui sert à élever ou à descendre des fardeaux. » On a également appelé *singe*, et cela rentre dans la série *singe-singer*, le pantographe, appareil à copier les dessins.

apa-esterapa; le danois *abe-esterabe;* le flamand *aep-waapen;* l'anglais *ape-ape;* l'italien *scimio-scimiottare;* le portugais : *macaco-macaquear;* le polonais *malpa-malpowac;* le grec moderne μαϊμου-μαϊμουδια (singerie). C'est une belle progéniture. « *Bâton,* dit Brachet, origine inconnue. » C'est assurément le *petit bât;* la relation directe entre l'ancien français *bast* et *baston* semble évidente. L'Espagnol dit *basto,* bât, et *baston,* bâton. Le bâton a été considéré tantôt comme le *bât,* tantôt comme la bête de somme tout entière ; c'est ce dernier sens qu'il prend lorsqu'on se sert du mot *bourdon* (latin *burdonem*), qui est proprement le bardot, variété du mulet. *Muleta* signifie béquille en espagnol et en portugais, et *mula,* bâton en italien. Les paysans qui marchent à pied appellent volontiers leur bâton, mon cheval ; plaisanterie qui se retrouve un peu partout. Ainsi, comme on voyait toujours les franciscains marcher à pied, on avait jadis surnommé le bâton des voyageurs *el caballo de S. Francisco,* en Espagne, et en France, *la haquenée des Cordeliers* (1).

---

(1) Brachet, au mot *Bourdon.*

Chien. Chenet. Chiendent. Chenille.

Le *chenet* est le petit chien du foyer, *chiennet ;* le portugais dit *caes da chamine*, les chiens de la cheminée ; le provençal, *cafuec*, et l'anglais, *fire-dog*, le chien du feu ; l'allemand, *feuerbock*, et le danois, *ildbuk*, le bouc du feu ; l'espagnol, *morillo*, le petit Maure du feu, et l'idée est bien espagnole, de faire rôtir éternellement l'ennemi national ; mais il est probable que la métaphore n'est plus comprise, pas plus que celle, plus douce, qui a fait chez nous du chien le fidèle gardien du foyer. Il est possible que le *fire-dog* des Anglais vienne de France ; le *bouc* des pays germaniques représentait peut-être une des figures du diable.

Chien (de fusil) ne se retrouve guère qu'en italien, *cane*, où il s'appliquait déjà au rouet de l'arquebuse ; les Espagnols et les Portugais disent *petit chat*, *gatillo*, *gatilho ;* dans les langues non latines, le *chien* de fusil est un *coq ;* allemand, *hahn ;* hollandais, *haen ;* danois et suédois ; *hane ;* polonais, *kurek*.

Le nom de la plante appelée *chiendent*, parce que le chien la mordille volontiers, se retrouve littéralement en allemand, *hundszahn;* le danois, le flamand et l'anglais disent herbe au chien, *hundegroes, hondsgras, dog's grass.* Le chien a encore donné son nom à la *chenille,* en latin vulgaire *canicula,* la petite chienne. Cette manière de voir n'est guère répandue en Europe; on trouve cependant *cagnon,* petit chien, dans l'italien dialectal qui fournit aussi *gata* et *gattola,* petite chatte. L'idée de *chat* semble d'abord se retrouver dans le mot anglais si singulier *caterpillar;* cela devient peu probable si l'on rapproche le mot anglais de la forme normande *carpleuse* (on trouve aussi les variantes *charpleuse, chapleuse, chaplouse*). En effet *carpleuse* et *charpleuse* semblent dérivés de l'ancien verbe *charpir,* qui nous a légué *charpie.* La *charpleuse,* ce serait la faiseuse de charpie, la dépeceuse, et cela qualifie bien la chenille et sa voracité. Mais le français du xvie siècle est formel; il dit *chattepelue* et *chattepeleuse* (1). Est-ce une déformation? Les Portugais l'appellent *lézard, lagarta;* pour les Polonais, c'est une *petite oie, gasienica.* Ces appellations répondent

(1) Hadrianus Junius, *Nomenclator* ; Francfort, 1596. — Les *chatons* des arbres sont en anglais *catkin* et *cat-tail*.

au besoin de transférer les noms d'un animal à l'autre, le plus souvent d'un gros à un petit. Le cloporte en est un exemple amusant, car rien ne ressemble moins à un cochon qu'un cloporte.

Cloporte.

Son nom est cependant clair; du moins, malgré la phonétique, il est permis de supposer que *cloporte* est une altération de *claus-porc* (*clausus-porcus*). C'est l'opinion de Brachet. Elle serait bizarre, si la même image ne se retrouvait en plusieurs langues ou dialectes et si le français du XVIe siècle ne nous donnait la forme inattendue *closeporte*, déformation à laquelle correspond peut-être le vieux hollandais *dorworm*. *Porcellio* est un des noms latins du *cloporte ;* c'est le nom populaire opposé à *oniscus ;* en Italie on appelle aussi les cloportes, *porcellini*, les petits cochons; en Champagne, c'est : *cochon de S. Antoine ;* en Dauphiné : *kaïon* (cochon), et en Anjou: *tree* (truie). Le *Glossaire du Centre* donne : *cochon*, cloporte. La forme *porcelet* est

assez répandue dans une partie de la France (1).
Enfin, rapprochement inattendu, le cloporte
s'appelle, en suédois, le cochon gris, *grasugga*.
L'idée de *cochon* pour nommer le cloporte a eu
à lutter avec l'idée d'*âne*, qui n'est pas plus
explicable par les logiques ordinaires : l'*oniscus*
latin est l'ονισκος grec (petit âne), mais les paysans
romains connaissaient aussi le mot *asellus*, et
l'allemand *assel* doit sans doute être rapproché
de *esel* (âne). On sait que le cochon a encore
donné son nom au petit ver qui se rencontre
dans les noisettes ; ce *petit cochon* se retrouve
en anglais, *pig-nut* (2). Les Anglais appellent
également *pig* le lingot que nous disons *saumon*
et les allemands, *salm*.

Fauvette. Bergeronnette. Linotte. Loriot. Chardonneret.

Que la fauvette à tête noire ait été nommée
en grec μελαγκορυφος (3), en latin *atracapilla ;*

---

(1) Le charançon est appelé *varkentor* en flamand (*varken*, cochon).

(2) En polonais la métaphore est des plus singulières : *orzechowiec*, brebiette de la noix *(owka,* brebis).

(3) On traduit également ce mot par *becfigue*.

qu'elle soit, en italien, la *capinera*, et en portugais *toutinegra* (chignon noir) cela n'a rien que de fort logique ; on ne sera pas surpris davantage que des petits oiseaux aient été comparés à des mouches : notre moineau est littéralement l'oiseau mouche (*muscionem*, de *musca*) et la fauvette, alors désignée d'après sa petitesse et sa légèreté, devient la *mouche d'herbe* (all. : *grasmuch* ; flam. : *grasmuch*). Il ne faut d'ailleurs être surpris de rien au pays des métaphores ; les Grecs n'appelaient-ils pas du même mot, στρουθός, le moineau et l'autruche ?

La jolie métaphore qui a transformé en petite bergère l'oiseau qui vit dans les prés et voltige autour des troupeaux ne se trouve, il semble, qu'en français : les mœurs de la *bergeronnette* n'ont frappé que nos bergers (1). Les Anglais, qui lui ont laissé son autre nom, *hoche-queue* (*wagtail*) (2), ont cependant fort bien remarqué

---

(1) Dans le centre de la France la bergeronnette se dit *bergère* et l'on en distingue une variété appelée *bergère jaune* ou *lavandière* (*Glossaire* du comte Jaubert). — *Palearia* est un des noms latins de ce petit oiseau, et Palès étant la déesse des bergers, on peut lui donner un sens voisin de *bergeronnette*, quoique l'idée de paille (*paille-en-queue*) soit plus probable.

(2) Mot qui correspond bien à l'autre nom latin de la bergeronnette, *motacilla*. Cette idée se retrouve, sous les formes les

la fraternité du bouvreuil et du bœuf; ils le nomment *bull-finch*, le pinson du bœuf; mais que ce nom est loin d'être joli comme le nôtre qui signifie le petit bouvier (*bovariolus*)! La *linotte*, c'est l'oiseau au lin; les Latins s'étaient décidés pour un nom pareil et disaient *linaria*; les Allemands et les Polonais appellent la linotte, l'oiseau du chanvre, *haenfling*, *konopka*, et les Flamands lui donnent le même nom qu'au chanvre femelle, *kemphaen* (1). Ce passage du *lin* au *chanvre* est tout à fait extraordinaire, car si les deux plantes sont d'un usage identique, elles diffèrent absolument pour le reste et il ne semble pas que même une linotte puisse les confondre, ni leurs graines qui n'ont pas précisément les mêmes propriétés. Il faut peut-être voir là une confusion de noms, pour parité d'usage, entre le *lin* et le *chanvre* (2).

---

plus amusantes, dans les dialectes italiens où on l'appelle *codratremola*, *codacinciola*, *squazzacoa*, *cotretola*, et enfin *balarina*, la *ballerine*. Le français du xvie siècle dit *guingne-queue*. En Espagne et à Venise, c'est l'oiseau de la neige, parce qu'on le voit sautiller sur la neige.

(1) Holl. : *kemphaan*. Cependant les dictionnaires traduisent ces mots par *huppe*.

(2) En portugais la confusion va très loin : *linhaça* signifie à la fois graine de *lin* et chènevis, mais chènevis se dit aussi *linhaça*

Du mot *aureolus* le français à fait *oriol* (1), puis par agglutination de l'article (*l'*), *loriol*, devenu *loriot;* c'est l'oiseau d'or, et les Allemands appellent également le loriot *goldamsel*, le merle doré; les Anglais lui ont donné le beau nom de marteau d'or, *gold hammer;* pour les Polonais c'est la plume d'or, *zlotopior* (*zloto*, or); les Portugais le nomment *oriolo* et *oropendula*, l'horloge d'or. Mais pourquoi les Danois l'appellent-ils *le Suédois* (Swenske) et les Flamands, *le Wallon* (2)? Peut-être parce qu'ils donnent au loriot le nom de leurs meilleurs amis. Les Flamands possèdent également la métaphore allemande : merle doré (*goudmeerle*).

Comme le lin a donné son nom à la linotte, le chardon a servi à désigner le *chardonneret* (anc. fr. : *chardonnet* (3), c'est proprement l'oiseau au chardon). L'idée de cette relation se retrouve dans presque toutes les langues de l'Eu-

---

do *canamo* (chanvre); *linhal* veut dire à la fois *linière* et *chanvrière*.

(1) L'anglais nous a pris jadis et a conservé *oriole* et *oriel*.
(2) Littér., le *veuf wallon* (*weduwael*).
(3) Cf. *Glossaire du Centre: chardonnet, échardonnet, échardonnette*.

rope et dans les deux langues classiques : ακανθις (1), *carduelis*, l'italien *cardellino* traduisent exactement *chardonnet*; la branche germanique se sert de l'expression pinson du chardon; en allemand, *distelfink*; en flamand, *distelvink*; en suédois, *tistelfink*; en anglais *thistle-finch*. L'Anglais l'appelle aussi *goldfinch*, pinson doré.

Brochet. Bélier.

Le latin *lucius* ne s'est perpétué qu'en italien, *luccio*; à ce mot le français a substitué l'idée d'une pique, d'une broche, d'où *brochet*(2); simultanément l'anglais adoptait le mot *pike* (pique). Cette idée semble d'origine germanique; les noms du brochet en allemand, *hecht*, et en danois, *giedde*, semblent la contenir; elle est évidente dans le suédois *gadda* (*gadd*, aiguillon).

L'*églantier* doit son nom à une comparaison analogue; c'est proprement l'arbuste couvert d'*aiglants* (*aculenta*), de piquants. Je n'ai pu retrouver dans les langues européennes de for-

---

(1) Grec moderne : καρδελι et καρδερίνα.
(2) L'ancien français disait *broche*.

mes analogues, comme pour brochet, mais le procédé est connu, logique, et très ancien, puisqu'en sanscrit le *lion* est proprement le *chevelu* et l'éléphant le *dentu*. L'hébreu est plein de noms analogues : le bouc est le *poilu*; l'ours, le *barbu*; le loup, le *jaunet*; l'hyène, la *bringée* (1).

Cependant *lucius* a vécu dans *merluche* (brochet de mer), expression qui, avec des mots de sens identiques, se retrouve dans l'allemand *seehecht*. Ce qui montre bien l'incohérence de la plupart de ces dénominations, c'est que les Romains donnaient à la merluche exactement le même nom qu'au cloporte, *asellus*. C'est ce que font encore les Vénitiens, disant *nasello*. Le poisson que le latin appelait *mustela*, l'italien l'appelle *donnola*, et nous allons voir plus loin que ces deux noms se retrouvent appliqués à la *belette*.

L'idée de nommer l'*aries*, mouton à clochette, mouton bélier (2), *bélier*, se constate en français,

(1) Mot normand qui correspond à l'ancien français *vair* (latin *varius*); *bringé* n'est guère employé que pour désigner les vaches et les bœufs.

(2) De l'ancien français *bele*, cloche, mot venu lui-même du bas-allemand par la forme latine *bella*.

en anglais et en hollandais (*bell-wether*, *belhamel*); les moutons des vagues sont des brebis en italien, *pecorelle;* et dans toutes les langues, depuis le grec, la machine de guerre à heurter les murailles s'est dite du même nom d'animal, *bélier* ou *mouton*, κριος, *aries*, *ram* (ang.), *stormram* (holl.), *ariete* (esp.).

Belette.

La *belette* est peut-être l'animal qui pourrait donner lieu à la plus curieuse dissertation sémantique. Dans presque toutes les langues son nom est une antiphrase. C'est une bête fort redoutée des paysans, comme le renard, comme la fouine, dont elle est parente. Or, on l'appelle à l'envi la jolie, la belle, la douce! Son nom français vient du vieux mot *bele*, du latin *bella;* la *belette*, cela veut dire la petite belle. Les Anglais la nomment (1) la jolie ou la fée, *fairy;* les Bavarois, la jolie petite bête, *schoenthierlein;* les Danois (2), la jolie, *kjoenne;* les Suédois, la

---

(1) Ou l'ont nommée jadis, car le mot maintenant en usage est *weasel*.

(2) Même remarque; le mot actuel est *væsel*.

joueuse *lekatt ;* les Italiens et les Portugais, la petite dame, *donnola, doninha ;* les Espagnols, la petite commère, *comadreja ;* les Grecs d'aujourd'hui, la petite bru (νυμφιτζα). A cette liste, il faut peut-être joindre son nom allemand, passé en hollandais, en anglais, en danois, *wiesel ;* on y trouverait *la blanche.* La même idée, ou celle de douceur, s'imaginerait dans le grec γαλη, *la blanche, la douce* (1), et ce serait encore *la douce* dans le latin *mustela.* Ces rapprochements paraîtront moins invraisemblables lorsqu'on saura que les idées de beau, de blanc, de doux sont, dans la tradition populaire, les antiphrases naturelles de l'idée de mauvais. En Roumanie, les *malae divae*, les mauvaises fées, les Ièlé, ne sont jamais appelées que les Bonnes, les Puissantes, les *Belles*, les *Blanches*, les *Douces* (2). L'explication des folkloristes est que la belette, étant un animal dont on a peur, on ne prononce jamais son nom, car, croyance universelle, quand on parle du loup, on en voit

(1) Mais le nom grec de la *belette* était plutôt ιχτι. (qui se glisse) ; γαλη aurait été la fouine, qui s'apprivoise comme un chat (Hœfer, *Histoire de la Zoologie*.

(2) *La Veillée*. Douze contes roumains, traduits par Jules Brun, *Introduction*, par Lucile Kitzo, page xxx.

la queue, quand on invoque le diable, le diable paraît; prononcer le vrai nom de la belette, c'est attirer la méchante bête et c'est aussi, par cela même, la contrarier, puisqu'on la dérange, l'exciter à la dévastation. Mais si on lui donne des noms d'amitié, c'est comme si on la caressait, et elle devient — ce qu'on la nomme. Il m'est agréable de rencontrer l'idéalisme verbal à l'état de tradition populaire et j'admets d'autant plus volontiers l'explication qu'elle n'explique rien, — en ce sens qu'il reste à nous faire comprendre comment le même euphémisme se retrouve dans les temps et les pays les plus éloignés; il reste aussi à découvrir les *vrais noms* de la belette, si nous n'en sommes plus, comme les Grecs, à la confondre avec le chat. En somme, ici comme devant le roitelet, nous constatons un phénomène psychologique. L'euphémisme est, d'ailleurs, assez fréquent dans la nomenclature populaire, mais il règne avec une grande fantaisie. Si l'inoffensive couleuvre qui, au pire, mangera quelques œufs, est parfois nommée, elle aussi, *la jolie*, elle est la vermine en Portugal (*bicha*), et on voit, dans nos dialectes provinciaux, l'épervier redoutable nommé tout crûment *le voleur;* il est le *laire* en Auvergne et le *laron* en Dauphiné, et sans doute y reconnaît-il facilement le latin *latro* (1).

Pic. Plongeon. Pélican. Rouget. Dormiliouse.

Le *pic, espec, pivert,* est dit aussi *bêche-bois,* mot qui se trouve exactement en anglais, *woodpecker*; le *plongeon* (en latin *mergus*) est le plongeur en allemand, *taucher*; le *pélican* (en latin *platea*) s'appelle en allemand l'oie à cuillère, *loffler, loffelgans*; ce qui correspond aux vieux noms français de cet oiseau, *pale, pelle, pelle creuse, truble,* et à son nom populaire anglais, *shovelard*. L'idée de rouge ou de lumière a toujours servi à caractériser le *rouget;* le grec disait ερυθρινος; le latin, *rubellio*; et pour les Hollandais, c'est le coq de mer, *zee haen,* et pour les Italiens, la lanterne, *lucerna*. Il y a un poisson volant ou sautant qu'on appelle *hirondelle de mer* ou le *volant,* le *papillon*; c'est le χελιδων et l'*hirundo* des anciens, le *volador* des Espagnols, le *zee swaluwe* des Hollandais.

(1) Antoine Thomas, *ouvrage cité,* p. 27.

Un autre poisson à gros yeux est appelé par Pline, *oculata* ; c'est l'*ochiado* du populaire, à Rome, et le *nigr'oil* du même populaire, à Marseille où l'on appelait aussi dans le même temps (au XVIe siècle) la torpille une *dormiliouse*, ce qui traduit délicieusement *torpedo*. La *rainette, raine verte, verdier*, en ancien français, c'est, en allemand, la *grenouille feuille, laubfrosch*.

Tournesol.

Les noms de fleurs, qui sont parfois si étranges, témoignent particulièrement de la nécessité de certaines métaphores. Il est impossible que l'idée de soleil n'entre pas dans le nom de la grande fleur jaune appelée *tournesol;* elle ressemble exactement aux faces du soleil dans les vieilles gravures et, de plus, elle se tourne sensiblement vers l'astre qu'elle semble suivre avec inquiétude : ses deux noms français, *tournesol* et *soleil* (1), traduisent cette double impression. C'est une fleur relativement nouvelle en Europe ;

---

(1) En Savoie, dans le Centre et au Canada, *tourne-soleil*. — On trouve dans les dialectes (Centre, Canada), *sourci*, pour *souci*. Les formes les plus anciennes sont la *solcie*, la *soucie*. Sous l'influence de *souci* (soucier), le mot changea de genre.

elle fut apportée du Pérou, au xvɪᵉ siècle. Le *tournesol* des Latins, *solsequia*, c'est notre *souci*, diminutif ou ébauche de la grande solanée américaine. La forme italienne de *tournesol* est *girasole* et l'espagnole, *girasol* : elles rappellent les trois mots grecs ἡλιοτρόπιος, ἡλιοτρόπιον, ἡλιόπους, dont le dernier désigne particulièrement le souci. Car une fleur bien différente, la *verrucaire* (1), en gréco-français *héliotrope*, tourne aussi selon le soleil ses odorantes fleurs violettes, et il semble qu'ἡλιοτρόπιον ait été traduit littéralement en allemand et en hollandais par *sonnenwende* et *zonnewende* ; ces deux langues possèdent, en effet, les formes *sonnenblume* et *zonnebloem* qui s'appliquent bien au *soleil* (2); le suédois dit *solrose* (3); le danois, *solsikke;* l'anglais, *sunflower;* le polonais, *slonecznic*. Les langues sémitiques ont des expressions

(1) En ital. et esp. : *verrucaria* et *verruguera*. C'est l'herbe aux verrues, mais il est préférable de ne pas la confondre avec une autre herbe aux verrues, l'éclaire.
(2) Malheureusement le *soleil* est appelé aussi *héliotrope* et l'héliotrope, *tournesol;* confusion absurde dont il faut encore accuser le grec, — et dont on trouvera sans doute des traces dans ce paragraphe. Il y a encore un autre nom grec, *hélianthe*. En somme, trois fleurs : le *souci*, la *verrucaire*, le *soleil*, pour leur donner les seuls noms qu'elles puissent porter en français.
(3) Et aussi *solblomister* (fleur soleil).

pareilles : en arabe *chems*, soleil, et *echchems*, tournesol.

Coquelicot.

Au latin *papaver* qui a fourni en français tant de formes singulières, pavot, pavon, papon, paveux, pavoir — le goût populaire substitua en plusieurs régions l'idée de *rouge*, et le latin du moyen âge appelle *rubiola*, la plante que la science qualifie de *papaver rubeum*; cependant l'idée de rouge se fixa sur la crête de coq, puis sur le coq et enfin sur le chant du coq que rendait l'onomatopée *coquelicot* ou *coquericot*. Cette idée était, d'ailleurs, contenue soit directement, soit par confusion, dans le nom même du *coq* (latin : *coccum*) (1); et c'est ainsi que les mêmes syllabes ont pu désigner deux choses aussi différentes qu'une fleurette et le chant d'un oiseau. L'exemple n'est pas unique, puisque la même aventure, mais pour d'autres motifs, est arrivée, comme on sait, au mot *coucou* (1), fleur et

---

(1) Venu lui-même du verbe qui disait le chant du coq :
Cucurrire solet Gallus, Gallina gracillat.
(*Philomela*, 25.)

oiseau, tous les deux de printemps et de la même heure ; on a cru que la fleur naissait pour l'oiseau et pour le nourrir, — c'est une croyance générale que rien dans la création ne saurait être inutile ; mais cette fleur ou cette herbe, dédaignées des hommes et des bêtes domestiques, ou ces baies qui mûrissent loin dans les bois, à quoi servent-elles donc ? La réponse est écrite dans ces termes : herbe au loup, herbe à la vierge, herbe au diable. Elles servent à Dieu, à ses saints, au diable, — ou au loup ; les Arabes disent : ou au chacal ; elles servent aux animaux que nous ne voyons pas manger et qui vivent ; elles servent aux êtres surnaturels qui descendent pendant les nuits claires et à ceux qui rôdent pendant les nuits sans lune. Outre leurs noms distinctifs, presque toutes les plantes sauvages ont ainsi un surnom qui souvent est commun à des espèces fort différentes ; la flore populaire se meut dans l'heureuse imprécision de la poésie et de la nonchalance.

Il ne faut pas s'attendre à retrouver *coquelicot*, ou l'une des formes diverses de cette

---

(1) Et Cuculi cuculant...
(*Phil.* 35.)

onomatopée, en dehors du domaine roman : la plus lointaine est le roumain *kukuriek*, et en France même elle s'est partagé les dialectes avec *papaver*. Cependant le coquelicot éveilla aussi, en Angleterre, l'idée de crête de coq et l'on y rencontre *cocks head*, *cock's comb*, *cockrose* (écossais). Les langues germaniques se contentent en général de l'expression rose ou fleur des blés qu'elles appliquent, d'ailleurs, avec indifférence, à la fois, au coquelicot et au bleuet.

Renoncule. Joubarbe. Fumeterre.

La renoncule, connue sous le nom de *bouton d'or*, a reçu dans les langues et les dialectes d'Europe (1) deux séries de noms; les uns la dési-

---

(1) Ici et dans plusieurs des paragraphes suivants, nous nous servons de la riche moisson de termes populaires recueillis par M. E. Rolland dans sa *Flore populaire*. Malheureusement, comme il ne traduit pas, une partie de sa nomenclature, dialectes étrangers et « petites langues », est souvent inutilisable dans un travail de sémantique. — Au cours d'une excellente notice sur cette *Flore*, M. Louis Denise avait déjà exprimé le même regret. De même il avait constaté avec soin l'incohérence de la nomenclature populaire: « Les mêmes noms empruntés à des similitudes de couleur, à de grossières ressemblances de port ou de forme, à de prétendues propriétés identiques, s'appliquent indifféremment et dans les mêmes lieux à des plantes de familles très éloignées : l'ellébore

gnent d'après la forme de sa feuille, les autres d'après la couleur de sa fleur. Les noms qui veulent expliquer sa feuille contiennent presque tous l'idée de pied de poule (ou de coq), ou l'idée de patte de grenouille (1), cette dernière idée souvent abrégée en l'idée de grenouille; ceux qui veulent peindre sa fleur, l'idée d'or ou de jaune.

« Pied de poule » se rencontre en letton, *gaila pehdas*; en allemand, *hahnenfuss*; en hollandais, *haanevaet*; en danois, *hanefod*. Le latin *pulli pedem* a donné à nos dialectes de nombreuses formes dont les types sont *piépou* et *poupié*; ce dernier mot est devenu le français *pourpier*.

La « patte de grenouille » figure dans l'anglo-saxon, *lodewort* (herbe au crapaud); dans le moyen haut allemand, *froscfusz*, que traduit l'appellation normande, *patte de raine*. La « grenouille » toute seule, c'est le grec βατραχιον; le latin, *ranunculus* (2); le roumain, *ranun-*

est l'*herbe d'enfer* dans l'Aube, mais en Provence l'*erbo d'infer*, c'est le nénuphar. » (*Polybiblion*, 1897.)

(1) On relève, mais moins souvent et pêle-mêle, les termes : pas, pied ou patte de loup, de lion, de corbeau, d'oie, de canard. De cette imprécision inévitable, il n'y a pas à tenir compte.

(2) Qui a directement passé en français, en italien, en espagnol,

chiu ; le sarde, *erbo de ranas* ; l'ancien français, *grenouillette* ; le polonais, *zabiniek* (1).

L'idée de jaune s'exprime en français par *bouton d'or, jaunet, bassin d'or, fleur au beurre*, idées que l'on retrouve dans le suédois et le danois, *smorblomster* (*smœr*, beurre), dans l'allemand dialectal, *botterblum* (fleur de beurre), dans l'anglais, *butter-rose, golden cup, horse-gold* : cette dernière image, qui appelle les fleurs de la renoncule l'*or du cheval*, est particulièrement curieuse. Un dialecte suédois et l'islandais appellent le bouton d'or *fleur du soleil* (*solœga* et *soley*) : c'est encore l'idée d'or ou de couleur jaune.

Ce partage de métaphores est assez fréquent ; ainsi la *renouée*, en latin *centinodia* (herbe aux cent nœuds), porte le même nom (herbe aux nœuds) en anglais, *knot-grass* ; en flamand, *knoopgras* ; tandis que les langues scandinaves la dénomment herbe du chemin (danois : *weigraes* ; suédois : *trampgraes*). C'est le *plantain*

---

en portugais. Il y a la forme *ranouncles*, en provençal, mais c'est la renoncule d'eau.

(1) *Zaba*, grenouille. Le mot s'applique peut-être plutôt à la renoncule d'eau.

que les Allemands disent *wegerich*. Cependant
Hœfer (1) cite d'après le *De physica* de S.
Hildegarde le mot *weggrasz*, le traduit par
traînasse et l'identifie au *polygonum avicu-
lare*, lequel est bien la *renouée*. Burbaun (2)
traduit *centinodia* par *wegetritt*.

Une renonculacée est appelée populairement
queue de souris; c'est aussi le nom que lui ont
donné les paysans dans une grande partie de
l'Europe : *cola de raton* (Espagne); *mauses-
chwanz* (Suisse); *mouse tail* (Angleterre); *muse-
hale* (Danemark); *musrumpa* (Suède); *myszy
ogon* (Pologne); *myschei kvost* (Russie).

Dans *joubarbe* on retrouve *jovis barba*; c'est
la barbe du dieu du tonnerre, parce que cette
herbe garantit les maisons du tonnerre, d'après
Opilius, qui l'appelle *vesuvium*. Cette idée se
rencontre en Allemagne et en Hollande, où la
joubarbe est *donderbaert*. Il n'y a pas trace
de l'image conservée par le français du XVI⁰ siècle, *patte de cheval*, dans les noms actuels du
populage ou *tussilage*, mais l'allemand dit *ross-
huf*, sabot de cheval, le hollandais *hoesbladen*,

(1) *Histoire de la Botanique.*
(2) *Enumeratio plantarum;* Halle, 1721.

herbe sabot, l'italien *unghia di cavallo*, l'espagnol *una de asno* ; c'est le latin officinal *ungula caballina*. Le *fumeterre*, *fumus terrae*, a le même nom en allemand, *erdrauch* et *eerderoock*. Enfin la petite *serpentaire* a reçu en Allemagne et en France les mêmes vilains noms (1).

Adonis. Nielle.

La *fleur d'Adonis* n'est plus rougie par le sang du jeune dieu oublié, mais tantôt par celui de Vénus, tantôt par celui de Jésus : *sang de Jésus, sang de Vénus*, les deux grandes religions unies une fois de plus dans le geste de cueillir la même fleur. L'idée de sang semble inséparable de cette renonculacée (2) et son nom populaire français, *goutte de sang*, lui est donné en beaucoup de pays. On trouve en Italie *gozze de sangue* (Vérone), *gioze de sangue* (Trévise) ; en Espagne, *gota de sangre* ; en Suisse, *bluatstrœfli* et *blutstrœpfli* ; en Carinthie, *bluetstrœpflan* ;

---

(1) Traductions exactes de *Sacerdotis virilia* (Hadrianus Junius, *Nomenclator*).

(2) Son nom grec ἀργεμώνη lui venait de ce qu'elle servait, d'après Dioscoride, à guérir l'ἀργεμον ; l'idée de blanc est contenue dans le nom du mal (ulcère blanc) et nom dans celui de la fleur.

en Suède, *bloddroppar*. L'idée toute nue de rouge, mais d'une petite chose rouge, encore d'une goutte de pourpre, se rencontre dans l'ancien français *rubitz*; dans le dialectal *rougeotte* (Vosges); dans l'avignonnais *roubisso*; dans l'anglais *pheasant's eye* (œil de faisan) et *rose-a-ruby* (rouge rubis); dans le sicilien *russulida* et dans le roumain, *rushcutça*.

Nielle, c'est la « petite Noire », *nigella*; les Grecs disaient de même μελανθιον et ils disent encore μελαντι. Le français *nielle* n'a, sans doute, jamais contenu l'idée qui est évidente dans *nigella*; pour la retrouver, il faut aller chercher les formes verbales où la nielle est appelée l'herbe au poivre (1), et voici la *poivrette*, la *piperelle*, les *spezii*, les épices (Parme), l'*alipivre* (portugais); on trouve en allemand *Schwarz kümmel*, (le carvi noir), mais les langues modernes ont surtout baptisé la nielle d'après sa très vague ressemblance avec des cheveux, de la barbe, de la laine, une toile d'araignée et, rencontre assez curieuse, la *nielle* et *l'agnelle*, si différentes sémantiquement, ont fraternisé sur le terrain

---

(1) « Graine noire » est le nom de la nielle dans beaucoup de dialectes arabes.

phonétique : on trouve dans le domaine d'oc, les formes *niella, gniella, niello, aniello, aniella* et, en Piémont, *agnela*. Le vieux français disait *barbute* et *barbue*; à Parme, c'est comme en Normandie la *barbe de capucin, barba de fra*; en Roumanie, la barbe de boyard, *barba boïarului*; en Allemagne, la chevelure de Vénus, *Venushaar* et, image plus pittoresque, la fille de crin, *braut in haren*; en Angleterre, la barbe blanche, *oldman's beard*; en Catalogne, *aranyas*, image que se disent nos patois avec *arogne* et *irogné* (toile d'araignée).

Violette de chien. Hépatique. Anémone.

Il y a une violette sauvage, très pâle et sans odeur, qui s'appelle dans une grande partie de la France *violette de chien*, c'est-à-dire bonne pour les chiens. Cette expression se retrouve en Wallonie *viyolette de tchin*; en Galicie, *viola de can*; en Allemagne, *hundsveilchen*; en Luxembourg, *honzfeiol*; en Flandre, *hondsvioletten*; en Angleterre, *dog's violet*; en Suède et en Danemarck, *hundefiol*. Le latin de nomenclature *viola canina* est la traduction de ces appellations populaires ; peut-être cependant l'a-t-il propagée dans quelques langues (1).

L'*hépatique* ne semble pas avoir (2) de nom français, et on ne connaît pas son nom populaire latin. Sans qu'on puisse les soupçonner d'avoir littéralement traduit le latin savant *trifolium hepaticum*, les divers dialectes méridionaux lui ont, cependant, donné le nom d'herbe au foie, *erba del fetje, d'aou fégé, au fedzo*, etc. ; en italien, c'est aussi la *fegatella* ; en catalan, l'*erba fetgera* ; en espagnol, la *higadela*. Les langues germaniques, scandinaves et slaves constatent la même relation : anglais, *liver-wort* ; hollandais, *leverkruid* ; allemand, *leberblume* et *leberkraut* ; transylvanien, *liewerkrockt* ; islandais, *lifrarurt* ; suédois, *lefverræt* et *lefverblad* ; danois, *leverurt* ; polonais, *watrobnik*.

L'histoire de l'anémone est pareille et tout

---

(1) Le latin d'officine a certainement eu une très grande influence sur les noms même populaires des plantes; il en a encore. Cela s'explique par les relations des pharmaciens et des cueilleuses de simples. M. E. Rolland a rencontré une de ces femmes connaissant les noms de *toutes* les plantes de son pays; dans a liste que j'ai vue beaucoup de mots sont des déformations évidentes des noms du Formulaire (Mars 1899).

(2) Le *Nomenclator* lui donne le nom bizarre de *porcorau*.

aussi concluante. Son nom français le plus répandu semble *coquelourde*, où il est peut-être possible de reconnaître *clocca lurida* ; du moins l'idée de cloche se retrouve-t-elle clairement dans plusieurs des noms donnés à cette fleur : *clochette*, en certaines parties de la France; *kuhschelle* (1) (clochette de vache) et *osterschelle* (clochette de Pâques), en Allemagne ; *klockenblome* (fleur à la cloche), aux environs de Brême ; *Coventry bells* (cloches de Coventry), dans le centre de l'Angleterre (2). Mais il était particulièrement intéressant de savoir si la valeur du mot grec ἀνεμώνη se rencontrait dans les noms véritables de l'anémone ou dans ses surnoms populaires. Or, partout, en Europe, l'anémone est l'herbe au vent, la fleur ou la rose du vent (3) : *erba del vent* (Gard), *erba de vent* (Milanais), *erba do vento* (Galicie), *flor del viento*

---

(1) Pour le passage de l'idée de cloche (*clocca*) à l'idée de coquille (*concha*), on peut comparer l'allemand *schelle* (clochette) et l'anglais *shell* (coquille). De *cloque* à *coque* et réciproquement des interpositions sont fort possibles, surtout dans une région de la langue où la transmission des sons n'a jamais été fixée par l'écriture.

(2) Ou les *cloches du couvent*.

(3) Et même jusque dans le centre de la France et dans la Haute-Marne.

(Espagne); c'est, en Allemagne : *windroschen* (la rose du vent); en Flandre, *windkruid* (herbe au vent) ; en Danemarck, *windrose*; en Russie, *wetrezina,* la fleur du vent.

Aubépine. Chèvre-feuille. Rouge-Gorge. Fourmi-lion.

Il est tout simple que l'aubépine (*albispina*), la blanche épine, porte ce même nom en presque toutes les langues, depuis l'italien *biancospino* jusqu'au danois *hvidtorn*. De même on s'explique assez facilement la fréquence linguistique du chèvrefeuille (ital. : *caprifoglio ;* all. : *geissblatt;* holl. : *geitenblad;* dan. : *giedeblad;* suéd. : *getblad)*; tous ces noms modernes ne sont peut-être que la traduction de *caprifolium*. Quand le mot latin est très explicite et quand toutes les formes linguistiques sont identiques, l'hypothèse de la traduction est admissible. Les dictionnaires donnent du mot *chèvrefeuille* cette plaisante interprétation : ainsi appelé parce que les chèvres aiment à brouter ses feuilles. Comme si les chèvres n'aimaient pas à brouter tout ce qui est vert! Le chèvrefeuille, c'est la plantechèvre, la plante grimpante, tout simplement. Varron appelle *caprea* la vrille de la vigne et l'italien dit dans le même sens *capreolo*. Le mot latin s'est substitué, sans qu'on en comprenne le sens, aux noms indigènes qui avaient sans doute été faits, comme en Angleterre, avec l'idée de fleur qui a goût de miel, *honey sukkle*, ou celle de lien sauvage, lien des bois, *wood bine* (1). Il en a peut-être été de même pour le *rouge-gorge*. Dans toutes les autres langues, de l'italien, *pettirosso*, à l'allemand, *rothkehlchen*, au danois, *rotkielke*, au polonais *czerwonogardl*, on soupçonne des mots latins et ces mots nous en avons l'écho dans le vers déjà cité à propos du roitelet :

... *Et rubro pectore Progne* (2).

Cependant, il est fort possible et bien con-

---

(1) Ou *bind*. Hadrianus Junius donne plusieurs noms de chèvre-feuille en allemand du xvi⁰ siècle; les uns semblent vouloir dire la nourriture de la chèvre : *speckgilgen;* les autres correspondent bien à la comparaison de la plante avec l'animal qui grimpe : *waldgilgen*. En vieux hollandais son nom est : les chèvres, *gheyten*.

(2) « Je regarde ce mot (*Progne*) comme employé ici pour désigner génériquement une famille de petits oiseaux, analogues à ceux qui sont nommés dans le même vers, et spécialement le

forme au mécanisme de l'esprit humain que la trouvaille *rouge-gorge* ou *rodkielke* soit spontanée dans chacune des langues où on la rencontre. Le vieux français disait : *rubéline*.

Mais pour le *fourmi-lion*, aucun doute n'est possible, puisque ce mot n'est que le résultat d'une trop bonne prononciation de l'*l* mouillée ou d'une mauvaise lecture du mot latin. *Formica-leo* est, en effet, soit une forme bâtarde calquée sur notre *fourmi-lion*, soit une déformation, par étymologie trop savante, du bas-latin *formiculo, formiculonem*, diminutif de *formica*. *Formiculonem* a donné en français *fourmillon*. Comme l'idée de *fourmi-lion* se retrouve dans beaucoup de langues d'Europe, son absurdité doit sans doute être mise à la charge des latinisants. L'anglais *ant-lion*, l'allemand *ameiselawe*, le flamand *mierenleeuw*, le danois *myrelove*, le suédois *myrlejon*, le polonais *mrowkolew* se traduisent tous avec une exactitude singulière par *formica-leo*, mais si *fourmi-lion* veut bien dire en français « fourmi qui est comme un lion », *ant-lion* signifie en anglais

---

rouge-gorge qui y est caractérisé très naïvement par ses propres attributs. » *Philomela*, xxxiie remarque.

« lion qui est comme une fourmi », ou « lion qui mange les fourmis », etc.; c'est *lion-ant* qu'il faudrait pour rendre *formica-leo*. L'idée plaisante que le *fourmi-lion* est le « lion des fourmis » égaie quelques dictionnaires : que de mal ont pris les grammairiens pour expliquer logiquement les mœurs d'un insecte par une déformation linguistique !

Autres mots : Corset. Clairon. Amadou. Navette. Béryl. Railler.

La formation de métaphores, durables ou passagères, est dominée par un ensemble de lois psychologiques que nous ne pouvons connaître que par la trace qu'elles laissent dans les combinaisons verbales. Ainsi l'idée de petit corps se retrouve dans présque tous les mots qui signifient aujourd'hui *corset* (1), comme Brachet l'a constaté ingénieusement, mais sans analyser le phénomène. Voici, semble-t-il, la marche de cette métaphore qui n'a pu naître qu'avec le costume moderne des femmes, lorsque, l' « ajustement »

(1) Angl. : *bodice;* all. : *leibchen;* dan. : *livstykke;* ital. : *corpetto;* etc.

remplaçant la draperie, la robe dut se partager en deux moitiés, le haut et le bas. Considérée en son ensemble, vide et dressée comme une armure, la robe se compose de la jupe et du buste ou *corps de la jupe;* ensuite toutes les femmes ayant la prétention d'être minces, le corps de la jupe (1) est devenu par courtoisie un petit corps ou corset et il deviendra sans doute un corselet. Dans cet exemple c'est aux lois de l'analogie que l'esprit a obéi; une expression intermédiaire nous le certifie.

Certaines métaphores sont si singulières qu'on hésite même devant l'évidence. Pour identifier plus sûrement les deux mots du provençal, *perna,* qui veulent dire l'un *jambon* et l'autre *bavolette,* M. Antoine Thomas rappelle fort à propos que de πετασος, chapeau, les Grecs avaient formé πετασων, jambon : « Ce serait un rapport inverse qui aurait fait baptiser *perna,* bavolette, par les Gallo-Romains (2). » Le mot latin *gra-*

---

(1) *Corps,* pour *corset,* est resté en usage dans beaucoup de provinces, notamment dans le centre (*Glossaire* de Jaubert). J.-J. Rousseau l'emploie, mais son français est parfois un peu dialectal.

(2) *Essais de Philologie française,* page 350.

cilis (1) avait pris le sens de trompette au son grêle ou clair; c'est exactement notre mot *clairon*. Nous ne pouvons reconnaître dans *amadou* le sens primitif d'appât, puisque la racine de ce mot est scandinave, mais nous trouvons réunies les deux significations dans l'*esca* des Latins, dans l'*adescare* des Italiens, dans l'ενανσμα des Grecs modernes. L'amadou, c'est la nourriture et l'appât du feu (2). Il y a loin, semble-t-il, de l'idée de navire à celle de navette de tisserand; on serait tenté de séparer les deux mots, si l'italien *navicella*, nacelle, et l'allemand *schiff*, bateau, ne couraient également sur l'eau et sur la trame des métiers. On a déterminé l'origine du mot *briller*; c'est *beryllare*, scintiller comme le béryl (3). Que ne diraient pas les professeurs de belles-lettres si quelque « décadent » forgeait, briller n'ayant vraiment plus qu'un sens abstrait, *émerauder* ou *topazer!* Le mot *railler* a la

---

(1) Qui était devenu *graile* en ancien français. Le verbe *grailler*, sonner du cor, est resté comme terme de vénerie, mais il a pris d'autre part le sens second et contradictoire de « parler d'une voix enrouée ».

(2) Les Canadiens ont étendu le sens de *boitte*, appât, au sens de nourriture pour les bestiaux.

(3) Et du même *béryl* vient aussi *bésicles*, anciennement *bericles* (*Beryenlus*)!

même origine latine que *raser* (*radere, rasus, raticulare*) qui a pris lui-même récemment un sens péjoratif; on trouve en allemand *scheren*, raser, et *scherzen*, railler, en flamand *scheren*, raser, et *scherts*, raillerie.

Compter et conter. Dessein et Dessin.
Pupille. Prunelle.

On sait avec quel soin les grammairiens distinguent l'un de l'autre *compter* et *conter*. A les entendre il n'y aurait pas deux mots plus éloignés, malgré leurs sonorités identiques, et il a fallu pour les confondre l'ignorance et la barbarie du moyen âge. Or il se trouve précisément que les deux ne sont qu'un : compter et conter, mot unique né du latin *computare*. Pour l'homme de tous les temps et de tous les climats, *compter* et *conter* représentent une seule et même opération; un mot les traduit tous les deux : *énumérer*. Des chiffres ou des faits, on les énumère, on les compte. L'italien et l'espagnol sont d'accord en cela avec l'allemand et avec le danois : *contare* et *contar* ont, dans les deux premières langues, la double signification de nos deux mots; en allemand compter, c'est *zahlen*, et conter, *erzalen*; en danois compter, c'est *toele* et conter, *fortoelle*. Ce *toele* nous rappelle que l'anglais *tale* (conter) a eu primitivement la signification de *compter*; il l'a perdue en partie, quand le mot *account* est entré dans la langue; mais *account* a gardé, en partie, un peu du sens de *tale*. Il en est de même de notre mot *compte*, malgré tous les grammairiens; dans *compte-rendu d'un livre*, on voit le mot *computare* au point mort où il ne signifie plus *compte* et ne veut pas encore dire *conte*. En différenciant les deux mots, la grammaire nous oblige à toutes sortes de petits mensonges, car il nous est réellement impossible parfois de savoir si nous *comptons* ou si nous *contons*. On ne devrait pas laisser les cuistres toucher à des organismes aussi délicats que le langage : du moins pourra-t-on désormais leur enseigner que les « tropes » sont une branche de la psychologie générale et qu'il faut réfléchir très longtemps avant que d'oser couper en deux morceaux et tailler à arêtes vives un bloc verbal que l'esprit humain laisse volontairement informe. Ils ont opéré la même scission entre *dessin* et *dessein* sans s'apercevoir, les pauvres gens, que la langue, incorrigible, recommençait exactement avec le mot *plan* les mêmes et indispensables confusions sans lesquelles les hommes cesseraient bientôt de se comprendre. Comme le mot *conte*, le mot *dessin* est unique ; le latin *designare* avait déjà tous les sens concrets et abstraits que comporte l'idée de *dessiner*. Le mot anglais *design* porte sans peine, avec une légère restriction (*drawing* lui ayant enlevé quelques-unes de ses nuances), la plupart des significations contenues dans notre double mot ; il en est de même en suédois avec *utkast*, en italien avec *disegno* et dans presque toutes les langues.

Bien d'autres mots seraient à noter que les dictionnaires séparent arbitrairement, quoique l'un ne soit que la métaphore de l'autre. *Pupille* est dans ce cas : qu'il signifie l'orpheline pourvue d'un tuteur ou la prunelle de l'œil, c'est toujours le latin *pupilla*, diminutif de *pupa*, petite fille (*pupata*, de la même famille, a donné *poupée*). La *pupille* de l'œil, c'est si bien la *fille de l'œil* que l'expression se retrouve tout entière en portugais où la *pupille* se dit *menina do olho.* Pareillement la *prunelle* des haies et la *prunelle* des yeux ne font qu'un. Le centre de l'œil a été comparé à la petite prune d'un noir bleu ou violacé qui mûrit parfois après les gelées ; par une métaphore analogue, mais bien moins jolie et bien moins juste, les Anglais appellent la prunelle de l'œil *eye-apple* et les Flamands, *oogappel,* la pomme de l'œil. Le polonais qui a le verbe *zrzeniac,* commencer à mûrir, appela *zrzenica* la prunelle de l'œil; je ne sais dans quel ordre il faut établir les rapports de ces deux mots (1).

Un des inconvénients de la liberté prise avec *dessin, conte, pupille, prunelle* et tels autres mots par les grammairiens, c'est de rendre invisible la métaphore et ainsi d'engrisailler la langue. Séparé de l'idée qu'il représente, *dessein* n'est plus qu'une de ces abstractions verbales à moitié mortes dès le jour qu'elles sont nées et destinées à disparaître bien avant la langue dont elles ont fait partie. L'abstraction est une des causes de la mort des mots.

(1) L'œil a pu être comparé à un charbon. Se souvenir du latin *pruna.*

On voit donc que si le mécanisme de la métaphore est quelquefois mystérieux, ses oscillations n'en sont pas moins assez régulières et que la différence des langues n'implique pas une différence de marche ou de méthode (1). Méthode, s'il fallait voir dans le choix des images l'influence d'une intelligence volontaire, comme le désire M. Michel Bréal ; marche, s'il s'agit le plus souvent, et c'est notre avis, d'associations passives d'idées. Sans doute, quelle que soit la métaphore, son âge ou son habitat, elle a toujours été une création personnelle ; ni les mots ni les idées ne peuvent être sérieusement considérés comme le produit naturel de cet être mythique qu'on appelle le Peuple. Pas plus que les contes ou les chansons populaires les mots métaphoriques ne sont une végétation sporadique analogue à la crue matinale des champi-

(1) On tentera peut-être d'établir des groupes sémantiques comme on a établi des groupes linguistiques. D'après cette étude qui n'est qu'un essai rudimentaire, les groupes se répartiraient ainsi par rapport au français : d'abord l'anglais et l'allemand ; ensuite le hollandais (ou flamand), l'italien, le polonais ; enfin le suédois, le danois, l'espagnol et le portugais. Les langues sont nommées dans l'ordre de la fréquence de leurs métaphores identiques aux métaphores françaises. Les Anglais et les Allemands seraient de beaucoup, et à peu près au même degré, nos plus proches voisins sémantiques.

gnons dans les forêts ; les contes ont un auteur, les images verbales ont un auteur. Mais le même conte ou le même mot ont pu être créés plusieurs fois et même simultanément ; pour les mots nous en avons la certitude par la coexistence des mêmes combinaisons d'images dans des langues très différentes; pour les contes, cela est fort vraisemblable. Je crois que cela revient à dire que tous les cerveaux humains sont des horloges très compliquées et très fragiles, mais toutes construites sur le même plan et douées des mêmes rouages. La banalité de cette conclusion nécessaire me réjouit, car une étude de ce genre doit, pour avoir son intérêt, aboutir, quoique par un chemin détourné et nouveau, à la vieille route royale piétinée par les longues caravanes.

LE VERS LIBRE

I

« Si j'étais encore assez jeune et assez osé, je violerais à dessein toutes lois de fantaisie; j'userais des allitérations, des assonances, des fausses rimes, et de tout ce qui me semblerait commode... » Gœthe disait cela en 1831 (1), au moment même où les vieilles lois du vers français n'allongeaient leurs bras que pour mieux étreindre la liberté du poète. Victor Hugo désarticulait l'alexandrin, parfois jusqu'à la disgrâce, mais sans briser les liens d'airain qui maintenaient droite sa forme traditionnelle; agrandissant très peu le geste, il ajoutait aux membres des ornements nouveaux et obligatoires : après

(1) Eckermann, II, 242.

lui, la césure demeure et les douzes syllabes que l'œil compte et que l'oreille cherche; l'entrave inédite est la rime riche.

Pas plus que Ronsard ou que Malherbe, Hugo n'a modifié essentiellement le vers français.

Une telle modification est-elle possible ? Si elle est possible, doit-elle se faire dans le sens du vers libre ou dans le sens du vers rythmique, dans le sens de la mélodie ou dans le sens de la mélopée ?

Jusqu'aux premières tentatives d'il y a dix ans, le vers français n'a jamais cessé (dans les bonnes pages des bons poètes) d'être, de huit, de douze ou de vingt-quatre syllabes, une phrase mélodique, limitée par le nombre même de ses syllabes, et, par cette limite, acquérant une forme précise, une vie individuelle. Ce vers, en son mode type, l'alexandrin, est vieux comme le monde français et comme le monde latin et comme le monde grec, où son nom était l'asclépiade.

L'alexandrin est fort antérieur à Alexandre de Bernay et à Lambert li Tors; ces deux grands poètes le rendirent populaire par leur génie à l'heure où l'antiquité enivrait le moyen âge, où Alexandre et Énée, Œdipe et Hélène étaient populaires autant que Berthe et Charlemagne ; leurs vers est le nôtre :

Amer nule pucicle | ne degna par amor

Les biaux chevax d'Arabe, | les mules de Syrie,
Les siglatons d'Espagne, | les pales d'Aumarie.

Près d'un siècle avant, le *Voyage de Charlemagne* avait amusé Paris et l'Ile-de-France ; c'est un poème, presque parodique, d'une belle langue et d'une versification sûre : douze syllabes et la césure médiale :

Trancherai les halbers | et les helmes gemez

Aux mêmes époques, un vers latin était fort usité par les poètes de cloître ou de grand chemin :

Plena meridie | *lux solis radiat.*
(ABAILARD)

Est lingua gladius | *in ore feminae.*
(*Satire goliarde*)

C'est un des vers familiers à Prudence :

Inventor rutili | *dux bone luminis*

et enfin à Horace :

Sic Fratres Helenae, lucida sidera.

Il est toujours inutile, pour les questions de langue ou de littérature, d'en référer à la Grèce, puisque rien ne nous est venu de là que par l'intermédiaire de Rome; cependant, pour achever cette histoire, il faut donner le patron de l'asclépiade latin :

Φαῖσι δήποτα Λήδαν ὑακίνθινον.

(Sapho)

Si donc il s'agit de rénover « essentiellement » l'alexandrin, il s'agit de briser une tradition aussi vieille que la civilisation occidentale (1), et nous voilà en même temps assez loin de ce que dit trop légèrement Théodore de Banville dans sa Prosodie : « Le vers de douze syllabes, ou vers alexandrin, qui correspond à l'hexamètre des Latins, a été inventé au xiie siècle par un poète normand... »

Il ne faut pas citer cela sans correction. L'alexandrin n'a aucun rapport, ni de filiation, ni

---

(1) Voir la note sur le *vers libre latin* à la fin de ce chapitre.

de parenté, vers syllabique, avec l'hexamètre, vers métrique, disparu avec la métrique latine elle-même, lors de la formation des langues novo-latines, où les mots, trop contractés (*latrocinium*-larcin), se refusent aux jeux savants de la prosodie. Comme la langue française, le vers français est un vers d'origine populaire, c'est-à-dire traditionnelle, et il ne pouvait emprunter au latin que des éléments assimilables à sa propre nature. Dès l'origine il fut fondé sur le nombre et sur la césure ; le vers de huit syllabes lui-même, qui se trouve tout fait dans les hymnes de saint Ambroise, est coupé par la césure (*Chanson de Saint Léger*). De ces deux règles absolues la seconde seulement a été niée (à peine) par les romantiques, puis par Verlaine, parnassien de transition. Aujourd'hui un poète, même s'il n'admet pas le vers libre, consent non au vers sans césure (il n'y en a pas), mais au vers à césure variable.

La rime est aussi ancienne que le vers français et presque aussi ancienne que le vers latin syllabique ; c'est le troisième élément. Dès le xiie siècle, Benoît de Sainte-More rime très soigneusement, dédaigneux de la simple assonance qui avait déroulé sa musique assourdie le long des laisses de la grande épopée des premiers cycles; au xiii² siècle, Rutebeuf rime comme Banville, avec autant de virtuosité et de désinvolture. L'affaiblissement de la rime aux deux derniers siècles ne fut qu'un signe de lassitude ou de décadence : le vers classique à rimes pauvres n'est que le produit d'un art anémié et titubant. Après les excès contraires du Parnasse, la rime en ces derniers temps s'est rénovée; elle s'adresse d'abord à l'oreille, admettant ainsi des finales jumelles de son, quoique différentes à l'œil; elle s'affaiblit même volontiers en assonances qui, par leur nouveauté, sonnent parfois plus haut que les vieilles rimes usées au duo prévu. C'est un retour très heureux à la poésie orale.

La poésie est faite pour être récitée, comme la musique pour être jouée. Il est certain qu'à l'origine la parole, la musique et la danse concouraient équitablement à la poésie : la danse pourrait être l'origine du rythme. Le type de cette poésie primitive, c'est la ronde. On peut facilement jouir d'une représentation modeste de cet art antique et « intégral », un soir, dans une rue calme du vieux Paris. Des petites filles tournent enchaînées par les mains ; elles chantent ; elles sautent ; elles miment ; et, au printemps, l'odeur des acacias se mêle au jeu et tous les sens sont pris et charmés.

De ces éléments la poésie en a dédaigné un, tout d'abord, celui qui exigeait du poète des grâces physiques, une éducation spéciale et le concours de plusieurs compagnons. Elle a sans doute été plus longtemps exclusivement fidèle à la musique, mais en séparant, pour ne les rejoindre que dans l'effet produit, deux arts déjà trop perfectionnés pour se confondre. Les trouvères allaient par deux, comme encore les chanteurs des rues (les coutumes se superposent sans se détruire) : l'un jouait de quelque viole, l'autre chantait ou psalmodiait. Dans *Aucassin et Nicolette* il y a une part de chant et, alternée, une part de récitation rédigée en prose.

Les vers cessèrent bientôt d'être chantés et même d'être récités ; depuis l'imprimerie ils sont composés pour les yeux (hormis les exceptions que l'on sait). Or, le désaccord n'a cessé de s'aggraver entre l'écriture et la parole ; l'une est restée à peu près fixe, l'autre s'est modifiée assez profondément par le fatal affaiblissement des voyelles et l'assourdissement prévu des consonnes. Mais on ne lit pas que par les yeux; on lit par les oreilles, on lit avec le souvenir de la parole et surtout les vers auxquels on demande des sensations musicales en même temps que des impressions sentimentales. Peu à peu l'absurdité des rimes pour l'œil a été perçue; des oreilles ont en vain cherché à différencier tels sons masculins, *mer*, de tels sons féminins, *mère* : on a connu que les *e* muets n'étaient plus (hormis en un petit nombre de circonstances) que la vibration d'une consonne. Dès lors la classification des rimes masculines et féminines apparaissait erronée. En fait, il n'y a plus guère en français qu'une seule catégorie de rimes, les féminines, *replet, plaie; régale, régal; seuil, feuille,* etc.; les seules rimes masculines sont désormais celles que donnent les mots terminés par une voyelle nasalisée : *ent, in, on, ant, oin,* etc. (1), — toutes les autres

(1) Ajouter les quelques mots en *ot*, auxquels ne correspondent nulles finales en *oe* (le vieux français en avait beaucoup), en *oc, os,* en *at, ac, as,* quand la consonne finale n'est pas prononcée; autrement les rimes seraient féminines.

rimes dites masculines pouvant s'accoupler en parfaite parité de son avec des rimes dites féminines, c'est-à-dire ornées du traditionnel *e* muet (1).

II

Ce bref résumé de l'histoire de la versification française permettra plus facilement de discuter la théorie du vers libre, de juger si la réforme que l'on propose, et qui a déjà été tentée par deux ou trois poètes contemporains, est dirigée dans le sens traditionnel de la langue et de la poésie de France.

Il y a quelques vers libres intercalés dans les poèmes de Victor Hugo :

Ce qu'on prend pour un mont est une hydre ;

(1) Sur un total d'environ trente mille mots français, il n'y aurait qu'un tiers au plus de rimes purement masculines, et encore il faut compter tous les adverbes, tous les participes présents, et tous les mots en *tion*, si laids.

> Ces arbres sont des bêtes ;
> Ces rocs hurlent avec fureur ;
> Le feu chante ;
> Le sang coule aux veines des marbres.
>   (*Les Contemplations*.)

Typographiés, ces cinq vers font trois alexandrins, mais il faut nous méfier de la typographie ; elle joue dans l'histoire du vers libre un rôle trop souvent prépondérant. Jadis il ne s'agissait pour un mauvais poète que de couper de la prose toutes les douze syllabes et d'orner les finales de quelconques rimes ; aujourd'hui, le hachoir est moins mesuré, et il coupe non plus selon l'arithmétique, mais selon des intentions difficilement appréciables. Nous supposerons donc que tous les vers sur lesquels portera notre critique sont récités et non pas écrits.

Dès après cet exemple, on pourrait clore la discussion et dire : le vers libre n'est autre chose que le vers familier romantique. Le poète, qui se croyait tenu à de certaines règles typographiques, s'est dégagé de ces règles et aussi de la rime obligatoire ; au lieu de chercher, par la rime, à donner l'illusion qu'il perpétuait la tradition de l'alexandrin, il se libère et d'un usage absurde et du souci de duper l'oreille ; maintenant il coupe le vers, non plus au commandement du nombre Douze, mais quand le sens s'y prête, d'accord avec un rythme secret et propre à dire une émotion particulière ; s'il use de la rime ou de l'assonance, c'est en vue soit de renforcer le rythme, soit de donner à la pensée une signification plus musicale.

On établirait aussi que telles suites de vers libres ne sont que des alexandrins décomposés ; on donnerait comme exemples, sinon comme preuves :

Car vois | les marbres d'or aux cannelures fines |
Sont riches du soleil qui décline, | versant
Avec sa joie la soif des vins | qu'elle mûrit ; |

fragment qui dans l'original forme cinq vers de 2, 10, 9, 10, 4 syllabes ;

Oui c'est l'orfroi, | ce sont les pourpres constellées |

Des rêves orgueilleux comme des nefs | s'inclinent |

Ma gloire, à moi, | c'est d'embrasser tes deux genoux |

Ramenant vers leur cou | leur tunique défaite, |
Protégeant de leurs mains leurs regards aveuglés |
Baissent la tête | autour de nous, | silencieux |

Tu ris ! | faisons un hymme alors qui sonne au large |

Ris donc ! | disons que toute aurore est dans ta chair. |
(La Clarté de Vie.)

Ainsi Douze, le vieux nombre traditionnel et donc sacré s'impose à ceux même qui le nient et il s'assied à leur foyer, invisible pour eux seuls. M. de Régnier a parfois reçu aussi sa visite secrète et il lui est arrivé, croyant faire des vers libres, de tracer le dessin vague de la strophe de Malherbe et de Lamartine, à condition que l'on ne compte pas certains *e* muets :

A la fontaine où l'eau goutte à goutte pleurait |
Avant l'aube et que vinssent les filles de la plaine, |
A l'heure où pâlissent les étoiles, | à la fontaine, |
      Y laver leurs pièces de toiles |

et encore :

De la maison où l'âtre en cendre | croûle en décom-
                                        [bres; |]
Ferme la porte | et que la paix du soir apporte |
      Son ombre sur ton ombre

Et les soirs | apaisés ou tragiques ou calmes |
Se reflétaient avec mon âme, | en ton miroir |
                                  (Poèmes.)

Cependant, si, après ces jeux, on venait à conclure que le vers libre n'est une nouveauté qu'en typographie, la conclusion serait injuste. Le vrai vers libre est conçu comme tel, c'est-à-dire comme fragment musical dessiné sur le modèle de son idée émotive, et non plus déterminé par la loi fixe du nombre. Il est certain qu'on essaierait en vain de dépecer cette strophe de M. Vielé-Griffin; elle est solide et souple ainsi qu'une corbeille de jonc.

> Dans les foins où les fleurs qui meurent
> Sont douces comme un vain regret;
> Sous les saules qui pleurent et effleurent
> L'eau qui dort comme une morte à leurs pieds;
> Elles vont vers l'automne et babillent
> Avec des mots de poète :
> La vie est faite et défaite
> Comme un bouquet aux mains d'une fille.

Ces vers si simples n'ont l'air d'exiger aucun commentaire et ne semblent nés d'aucune théorie; cependant ils diffèrent de ceux que l'on fait apprendre par cœur aux petits enfants. En quoi exactement et qu'en pensent les théoriciens?

Voici ce que dit M. Gustave Kahn.

Dans l'alexandrin, tel que manié par les maîtres, il n'y a pas de césure fixe; il y a, selon le vers une, deux, trois, quatre césures. Ces deux vers de Racine se coupent ainsi :

Oui je viens | dans son temple | adorer | l'Éternel
Je viens | selon l'usage | antique | et solennel

« Leur unité vraie n'est pas le *nombre* conventionnel du vers, mais un arrêt simultané du sens et du rythme sur toute fraction organique du vers et de la pensée. » En d'autres termes, le distique est formé de huit petits vers de trois, trois, trois, trois; deux, quatre, deux, quatre syllabes, — le vers étant « un fragment le plus court possible figurant un arrêt de voix et un arrêt de sens ».

Ces vers minuscules, M. Kahn les appelle des « unités », et il s'agit de les apparenter, de leur donner par des allitérations, des assonances, la cohésion qui en fera des vers véritables, « possédant leur existence propre et intérieure » (1).

On admettrait cela volontiers, si la première partie du raisonnement ne semblait pas inexacte. En analysant le vers français, M. Kahn confond la déclamation et la versification, et il donne à

(1) Préface des *Premiers Poèmes*.

la déclamation une fixité absolument arbitraire, car quelle objection à noter ainsi les vers de Racine :

> Oui | je viens dans son temple adorer l'Éternel
> Je viens | selon l'usage antique et solennel

Pourquoi détacher chaque membre de phrase ? Est-ce que

> Je viens dans son temple adorer l'Éternel

mis pour

> Je viens adorer l'Éternel dans son temple

ne forme pas une phrase « indéchirable », au triple point de vue grammatical, rythmique et sémantique ? Et le

> Oui

ici purement proclitique et lié au verbe dont il renforce le sens, « oui—je—viens », par quel moyen lui donnerons-nous une valeur, s'il reste seul, séparé de l'acte qu'il affirme ? En somme ce vers n'est qu'un seul mot, —

> Oui—je—viens—dans—son—temple—adorer—l'Éternel

car il est un vers, et s'il n'était pas un seul mot, il ne serait pas un vers.

Et voilà ce qui est le vers : un mot.

Dans ce mot de six, huit, douze syllabes, la césure n'est que l'accent inhérent à un mot. L'accent reste fixe ou se déplace selon des règles qui n'ont jamais été étudiées, mais que le poète applique inconsciemment. Dans l'alexandrin ancien, l'accent est toujours en principe à la sixième syllabe; et, si cet accent principal doit être déplacé, si l'affirmation de la pensée exige un temps fort avant ou après la sixième syllabe, cette sixième syllabe garde néanmoins un accent second. Dans le vers classique, ce déplacement n'est pas très rare :

Mais vous || qui me parlez | d'une voix menaçante
(*Iphigénie*)

Vous ne répondez point | mon fils || mon propre fils
(*Phèdre*)

Il est très fréquent dans le vers romantique,

Ils marchaient à côté | l'un de l'autre || des danses

Penchés || et s'y versant | dans l'ombre goutte à goutte
(*Contemplations*)

qui admet jusqu'à deux ou trois accents indépendants de l'accent principal :

Qui || des vents ou des cœurs | et le plus sûr || Les [vents.]
(*Contemplations*)

De tous les éléments du vers français, la césure fixe est le plus caduc et le moins regrettable ; il faut au moins un temps fort sur un mot, sur un mot de douze syllabes, il en faut plusieurs ; sur un mot à voyelles variables, comme le vers, il est insensé d'exiger un accent fixe.

Beauté des femmes || leur faiblesse || et ces mains pâles
(Verlaine)

Ce vers admirable n'a, à la sixième syllabe, aucun accent ni fort ni moyen ; il n'a même que onze syllabes. Le vers de Victor Hugo, qui lui a servi de patron, a bien ses douze syllabes et, en dehors des deux césures après quatre et neuf, un accent très léger, mais que la diction peut fortifier, sur la syllabe traditionnelle :

Chair de la femme || argile | idéale || ô merveille.

Jusqu'ici, quoique par des principes différents,

nous sommes d'accord avec M. Kahn : le vers est un ; il ne comporte pas de césure fixe ; le rythme doit tendre à faire coïncider ses temps forts avec les temps forts de la pensée.

Il est plus facile encore, sans doute, de s'entendre sur la numération.

Depuis le xvii⁰ siècle, la plupart des vers français contenant des *e* muets sont faux. Reprenons Racine :

11. Il sort. Quel*le* nouvelle a frappé mon oreille.
11. Au moment où je parle, oh, mor*te*lle pensée.
11. Et des cri*mes*, peut-être inconnus aux enfers.
10. Malheureuse ! voilà com*me* tu m'as perdue.

(Phèdre.)

10. Cel*les* même du Parthe et du Scythe indompté.
9. Tou*te* plei*ne* du feu de tant *de* saints prophètes.

(Esther.)

Mais Racine écrivait pour les oreilles ; son vers est remarquablement plein ; la faute de l'*e* muet est rare dans son œuvre ; il voulait douze syllabes et savait les trouver. D'ailleurs de son temps, l'*e* féminin parlait peut-être encore un peu, surtout dans la déclamation.

Victor Hugo :

10. Ils lut*t*ent ; l'ombre emplit len*t*ement leurs yeux d'ange.
9. El*le* se sentit mère u*ne* seconde fois.
9. Sa mè*re* l'aime, et rit ; el*le* le trou*ve* beau.
9. La bel*le* lai*ne* d'or que *le* safran jaunit.
10. Les fem*mes*, les songeurs, les sa*ges*, les amants.

(Contemplations.)

Le vers de dix syllabes se rencontre à chaque pas parmi les alexandrins de Hugo ; celui de neuf syllabes, çà et là ; de même chez Verlaine :

9. Tel*le* la vieil*le* mer sous le jeu*ne* soleil.
10. Sages*se* d'un Louis Raci*ne*, je t'envie.
10. Sur tes ai*les* de pierre, ô fol*le* cathédrale.
10. Des étoi*les* de sang sur des cuiras*ses* d'or.

(Sagesse.)

Mais ce qui donne à son alexandrin un ton si nouveau, c'est qu'il est presque toujours incomplet ; dans la si belle prière *C'est la fête du blé*, si on laisse de côté la dernière strophe volontairement écrite en vers pleins, sur seize vers il y en a deux de dix syllabes, cinq de douze, et neuf de onze ; dans la pièce XVI (*Sagesse*) sur douze vers, il n'y en a que trois de réguliers.

L'alexandrin traditionnel n'est qu'une superstition.

M. Kahn dit, de l'*e* muet : « Une autre différence entre la sonorité du vers régulier et du vers nouveau découle de la façon différente dont on y évalue les *e* muets. Le vers régulier compte l'*e* à valeur entière, quoiqu'il ne s'y prononce pas tout à fait, sauf à la fin d'un vers. Pour nous qui considérons, non la finale rimée, mais les divers éléments assonancés et allitérés qui constituent le vers, nous n'avons aucune raison de ne pas le considérer comme final de chaque élément et de le scander alors comme à la fin d'un vers régulier. Qu'on veuille bien remarquer que, sauf le cas d'élision, cet élément, l'*e* muet, ne disparaît jamais même à la fin du vers; on l'entend fort peu, mais on l'entend. »

Il a fallu citer ce passage pour montrer combien l'analyse des sons est difficile puisqu'un poète tel que M. Kahn, aussi savant et aussi réfléchi, y échoue complètement. L'*e* muet à la fin du vers, « on l'entend fort peu, mais on l'entend ». En effet, — et on l'entend même, nous l'avons expliqué plus haut, quand il n'est pas figuré; on l'entend dans *mol*, dans *seuil*, dans *trésor*, dans *impair*, dans *nef*, dans *jamais*, dans *désir*, etc., — mots identiques pour la prononciation finale à : *molle, feuille, encore, impaire, greffe, ivraie, désire*, etc. Si, selon le système de M. Kahn, on décompose le vers en éléments, chaque élément terminé par une muette perdra une syllabe. Il n'y a point de prononciation intermédiaire, quant au son, entre *eu* et *e* (nul); les différences sont d'intensité, en hauteur ou en durée. L'*e* muet, qu'il faut appeler féminin, se prononce après ou avant certains groupes de consonnes contenant une liquide ou une sifflante : les prêtres frivoles, — et encore à condition que la récitation soit oratoire et non familière. Nul dans : lettre, il est marqué dans : lettre patente. Quelques autres exceptions sont admissibles, par exemple pour les monosyllabes, *de, ne, je*, etc., — mais seulement s'ils précèdent ou suivent une voyelle atone; si deux de ces monosyllabes se suivent l'une des muettes disparaît : je *le* veux.

Il en est de notre *e* muet actuel comme de celui qu'on rencontre en certains mots de l'ancien français, virg*e*ne, ang*e*le, apost*e*les, an*e*me, vierge, ange, apôtre, âme, dont la valeur était purement étymologique et qui ne se prononçait jamais, tandis que l'*e* féminin qui ne se prononçait pas à la fin du vers ou à la césure se prononçait en position :

$$\overset{1}{\text{Sains}} \overset{2}{\text{Andrieu}} \overset{3}{\text{li}} \overset{4}{\text{Apost}}\overset{5}{e}\overset{6}{les} \mid \text{li ot raison aprise}$$
(*Chanson d'Antioche*)

$$\overset{1}{\text{Filz,}} \overset{2}{\text{la}} \overset{3}{\text{toe}} \overset{4}{\text{an}}eme \mid \text{seit el ciel absolude}$$
(*Chanson de Saint Alexis*)

Toute cette partie de sa rythmique, que M. Kahn emprunte à l'ancienne versification, est donc erronée; mais cette erreur, dans le vers libre, n'est pas essentielle. S'il nous est égal que les alexandrins de Verlaine n'aient que onze syllabes, nous accepterons volontiers qu'un vers que M. Kahn compte pour vingt-et-une ou même peut-être vingt-deux syllabes (dont quelques-unes très faibles) n'en ait en réalité que dix-huit :

$$\overset{6}{\text{Dans les épithalames}} \mid \overset{5}{\text{les forêts de piques}} \mid \overset{4}{\text{et les cavales}}$$
$$[\mid \overset{3}{\text{dans l'arène}}].$$

Il est même, les muettes rayées, fort curieusement combiné, ce vers, avec ses groupes en nombres décroissants, six, cinq, quatre, trois, et bien conforme aux principes que le poète s'est à lui-même posés.

M. Henri de Régnier, malgré qu'il aime les mourantes muettes, oublie aussi leur existence, parfois, car est-il bien sûr qu'en écrivant :

Qu'ils portent en grappes aux pans de leur robe écarlate

il ait voulu un vers de quatorze syllabes? Dans la pièce V du *Fol Automne* (1), les vers, nominalement de treize syllabes (presque tous) n'en ont que douze et souvent moins. Cela ne choque pourtant aucune oreille musicale, puisque nous sommes, depuis plusieurs siècles, accoutumés à ces brisures du rythme. Mais le vers de M. de Régnier, même s'il a un air de « vers libre », demeure, avec des innovations purement musicales, le vers syllabique : après Verlaine, nul liseur de vers ne peut chez lui se trouver dépaysé. Il en advient tout différemment chez M. Vielé-Griffin et chez M. Kahn ; l'un semble être parti

---

(1) *Poèmes anciens et romanesques.*

du vers romantique familier, à rejet et à césure variable pour aboutir à un système complexe de rythmes entrecroisés ; l'autre, M. Kahn, imagina le système que nous avons indiqué et dont nous avons critiqué le principe. Admettons-le, cependant, mais pourvu qu'il s'agisse des vers de M. Kahn, et seuls, car il serait malhonnête de juger une œuvre d'après les règles qui n'ont pas guidé son élaboration.

III

Il s'agit donc de savoir comment M. Kahn groupe les périodes de pensée musicale qu'il appelle les éléments du vers.

Nous avons déjà le vers à nombre décroissant. En voici un à trois éléments égaux :

Les allégresses | ô sœurs si pâles | s'appellent et meurent.

Un autre, formé encore de trois éléments, six,

quatre et quatre, ce qui donne l'impression d'un alexandrin à deux accents prolongé comme par un geste qui se maintient.

<small>Les Tigres si lointains | qu'ils en sont doux | aux bras
[d'Assur.]</small>

Dix-sept syllabes bien unies peuvent faire un vers qui réponde encore à la définition : n'être qu'un seul mot :

<small>Dans les brassées d'épis joyeux et les tapis de fleurs lu-
[mineuses.]</small>

Mais il est imprudent de dépasser seize syllabes (non compris les muettes) :

<small>Ni les épouses de tes vizirs | qui s'entr'ouvrent sous tes
[regards]</small>

Encore ce vers n'est-il que l'accouplement de deux vers de 8 syllabes. Celui-ci est d'un rythme plus savant (trois, quatre, trois, six) :

<small>Aux margelles des puits profonds qui s'ignorent en ses
[yeux inconnus.]
(*Chansons d'amant*)</small>

En groupe, le vers libre de M. Kahn apparaît

surtout tel que libéré de la tyrannie du nombre symétrique. Il serait puéril alors de vouloir compter les syllabes. Nous sommes en présence d'une phrase coupée en fragments analytiques plutôt même que rythmiques. Ces vers sont régis par le mouvement intérieur de la pensée, et non plus par un mouvement extérieur et imposé d'avance. L'alexandrin s'allonge et s'accourcit selon que l'idée a besoin d'ampleur ou de resserrement et le rejet, comme un rejeton de rosier planté en bonne terre, pousse et verdoie selon sa vie propre : l'allitération et les assonances internes ou finales rejoignent les deux vies et les parent de leurs feuillages.

Ou bien ce sera un rythme dont les brisures multipliées sembleront à merveille adoptées à une idée de légèreté et de grâce :

> L'universel baiser court sur les hautes tiges
> comme un menu vol de papillons,
> tendresse brève, espoir long
> sur la plaine humaine voltigent
> coquelicots, pivoines, pavots,
> l'heur est léger, longue est la peine
> mais partout partent les pollens
> pour de futurs étés toujours beaux.

C'est là un art agréable, mais ce mouvement

est-il vraiment nouveau dans la versification française? N'est-ce pas refaire en libre ébauche ce qui fut déjà strictement dessiné? Trop strictement, peut-on répondre, et nous voulons rendre les estampes non pas moins nettes, mais plus claires et qu'entre les traits noirs se joue plus de soleil, et aussi que les traits soient un peu tremblés comme, fabriquées par la nature, les feuilles sont découpées, quoique uniformes, selon un tel caprice, que l'on ne vit jamais deux feuilles pareilles. Peut-être, mais il reste contre les vers libres (les vers trop libres) de M. Kahn une objection que M. Kahn nous expose lui-même, sans s'en douter et sans en avoir l'air, c'est que ses vers réguliers (ou qui le semblent) sont meilleurs que les autres.

En tous il y a une grande richesse d'images, la preuve d'une réelle force de création, des variations heureuses sur des thèmes variés, et le souci de rendre sa pensée poétique à la fois comme spectacle et comme musique; les images chantent et les musiques se dessinent. Cela est assez particulier dans la poésie contemporaine. Mais, pour atteindre cette harmonie complexe, M. Kahn use d'une trop grande discontinuité de rythmes, et parfois cela blesse. Les airs commencés ne sont jamais finis. A peine s'est-on laissé aller à un bercement, que l'on se réveille secoué par une brusque volte du mouvement ; cette discontinuité du rythme entraîne la discontinuité du ton : il y a tangage et il y a roulis. Quand ces heurts nous sont épargnés, aucune des objections qui se lèvent à l'arrivée des vers libres ne sont plus valables. Si un vers défaille et manque d'une ou de deux syllabes, si tel autre dépasse le nombre qui donne au poème son allure, la marche du rythme emporte ces récalcitrants dans sa procession. C'est la foule qui entraîne d'un pas égal le boiteux et le géant; les disparates se fondent dans l'unité. Je crois que l'art suprême est de donner des illusions d'harmonie. Au lieu d'attirer l'attention sur des discontinuités même voulues et nécessaires, il faut les voiler et les rendre invisibles au premier coup d'œil; que la note en discord aille par des harmoniques imperceptibles s'absorber dans l'accord des notes fondamentales.

Voici une strophe, ou une laisse, qui fera comprendre qu'un vers de neuf, de dix, de onze syllabes peut s'apparier, sans briser le rythme, avec une pluralité d'alexandrins :

> Ils virent les pins sévères de la mélancolie
> barrer les blancheurs septentrionales.
> Ils virent les nefs dorées s'amarrer à l'aval
> du pont où veillent les statues de saints,
> puis ils virent l'eau couler et les hommes passer,
> dans les chaudes clairières, sous le soleil d'été
> les fées et les lutins qui leur baisaient les seins,
> et ils entendirent le cor enchanté
> par les forêts en source et les fleurs des taillis.

Il faut estimer que tous les vers de cette laisse sont de même *nombre*; il ne faut plus, ici moins que jamais, compter les syllabes, il faut les nombrer. Des deux premiers vers, le plus *long*, si l'on nombrait avec une précision chimique, serait peut-être le second. Même observation pour :

> Des torses de vaincus, fixés avec des chaînes
> au socle de la statue pyramidale.

et pour :

> On eût dit que chantaient flûtes et violons
> sur la largeur douce de la plaine.

C'est là un résultat et, en définitive, un gain.

La rime est traitée avec sagesse. L'on voit volontiers accouplées ces sonorités identiques, hier ennemies, *cuir — buires, roi — voix — joie* au mépris de la vaine habitude des yeux ; des assonances fort délicates, telles que : *ciel — hirondelle, quête — verte, guimpe — limbe ;* d'agréables rimes intérieures qui rappellent, avec beaucoup plus d'art, les jeux des poètes latins du xiiie siècle :

> O Méditerranée, salut ; voici Protée
> qui lève de tes vagues son front couronné d'algues.

Qu'elle devient discrète, la vieille rime tyrannique qui faisait sonner son bâton sur les dalles comme un suisse de cathédrale ! Si discrète qu'il faut la chercher, redevenue fleur, sous le feuillage des mots.

Il ne suffit pas d'avoir de bons sentiments, un cœur doux et d'aimer bien sa tendre amie, pour écrire de bons vers libres ; il faut aussi beaucoup de talent et même beaucoup de science. Il est improbable que le commun des poètes s'approprie les secrets de cet art aussi facilement que les procédés parnassiens ; mais, quels que soient l'avenir et la destinée de cette poétique, il reste que par Moréas, Gustave Kahn, Vielé-Griffin, Verhaeren, Henri de Régnier (car les recherches et les résultats furent parallèles) un vers plus libre est possible en France et, avec ce vers, des laisses d'aspect nouveau, et avec ces laisses, des poèmes assez différents, en ce qu'ils ont d'acceptable et de très bon, pour justifier des espoirs qui n'avaient paru d'abord que d'obscurs désirs.

NOTE SUR UN VERS LIBRE LATIN

Vers le neuvième siècle, en même temps que le vers latin, de mélodique, se faisait syllabique, la prose oratoire subissait la même transformation, les syllabes aiguës étant devenues les syllabes fortes. La prose rythmique et la poésie syllabique ont la même origine et sans doute le même âge.

La prose rythmique tient à la fois de la prose et du vers; c'est ce que nous dit l'auteur d'une ancienne *Vie de Saint-Wulfram* : elle tend à quelque similitude avec la douce cadence du vers, *ad quamdam tinuli rhythmi similitudinem* (1); elle ne se compose pas absolument de vers, puisque ses vers ou versets n'ont pas un nombre fixe d'accents; elle n'est point de la prose pure, puisque l'accent y joue un rôle sans doute prépondérant, quoique obscur. La rime ou l'assonance achèvent de la différencier d'avec la prose ordinaire. Ses éléments sont donc, je ne dis pas, *le* vers libre, mais *un* vers libre.

Le début du *Speculum humanœ Salvationis* est un exemple de ce vers libre latin, mais fort médiocre; il ne tient plus que par la rime, qui est lourde et banale; ce sont des versets dont la nudité est vraiment sans aucun mystère; les accents sont difficiles à situer et le rythme est nul : c'est loin de toute poésie. La *Vie de Saint-Chef* (2) a plus de mouvement :

Cujus tunc temporis candidissima fama,
Famosissima claritudo,
Clarissima miraculorum coruscatio,
Non solum vicina quaeque loca,
Verum etiam totius Europae terminos
Adusque Oceani limbos

(1) Édélestant du Méril, *Latina quæ medium per ævum carmina*, etc.; Evreux, 1847; p. 62.
(2) Loc. cit. — Chef ou Cherf est Theodoricus ou Teudericus. Dans le passage que nous citons, il s'agit d'abord de saint Remi.

Illustrabat.

Il serait encore assez laborieux de compter les accents en ces phrases mal déterminées ; cependant on se sent en présence de vers évidents.

Mabillon a recueilli une curieuse pièce rythmique. C'est une description de Vérone, écrite au temps où Pépin, fils de Charlemagne, était roi des Lombards (1).

Magna et praeclara pollet urbs haec in Italia,
In partibus Venetiarum,
Ut docet Hidorus,
Quae Verona vocitatur olim antiquitus.
Per quadrum est compaginata,
Murificata firmiter,
Quadraginta et octo turres praefulgent per circuitum :
Ex quibus octo sunt excelsae,
Quae eminent omnibus...

Là encore l'intention rythmique est très sensible et nul ne confondra un poème de ce ton avec de la prose pure.

Mais le véritable vers libre latin doit être cherché dans la séquence. Selon la définition de M. Léon Gau-

(1) Mabillon, *Vetera Analecta*, 1675, t. I.

tier la séquence est une prose divisée en périodes ou phrases musicales (1). Or il semble que le vers nouveau, le vers libre, peut aussi se dire tout simplement : une période musicale ; et cette période, demeurant liée harmoniquement à toutes les autres périodes du poème, doit cependant pouvoir en être séparée et alors vivre d'une vie propre, une, absolue. En un tel système le nombre des syllabes accentuées n'est déterminé que par le pouvoir auditif d'une oreille : au delà d'un certain nombre de syllabes, il n'y a plus de vers, parce que l'oreille ne sait plus les placer instantanément. Tout vers pour lequel il y a des doutes sur la place des accents n'est pas un vers; ou est un mauvais vers; ou est un vers qui ne prendra sa forme et sa valeur que lorsque cette place aura été, par l'étude ou par la diction, nettement déterminée.

Les vers des séquences ne paraissent pas toujours d'excellents vers; c'est que la rythmique en est difficile et que, composées pour ou sur de la musique, elles boitent sans cet appui. Il faut cependant les comprendre et les aimer telles qu'elles sont et selon leur écriture tronquée. Même sans la musique le *Victimae pasçali laudes* est un admirable poème en vers libres.

(1) Œuvres d'Adam de Saint-Victor; 1ʳᵉ édition. — Nous avons étudié la séquence avec quelque détail, mais surtout au point de vue littéraire, dans le *Latin mystique*, chapitres VII et VIII.

Ce vers latin, ce vers des séquences, presque sans rime, a un nombre variable de syllabes, d'accents ; comme il diffère de l'idée que nous pouvons nous faire d'un vers latin, français, ou allemand (1), il faut bien lui donner un nom nouveau et admettre qu'à la suite du vers mélodique et en même temps que le vers syllabique il y eut en latin un vers libre. Quoique nous ne le comprenions pas très bien, il existe ; il fut cultivé pendant trois ou quatre siècles ; il satisfaisait les oreilles délicates accoutumées aux nuances du chant neumatique ; il se chantait d'abord, mais il se lisait, puisqu'on en faisait des recueils en le séparant de sa mélodie. Qu'un tel vers nous paraisse plus près de la prose qu'il n'y est en vérité, cela vient sans doute de notre ignorance ; mais aujourd'hui même et s'il s'agit ne notre littérature, il semble plus facile de sentir que de définir la nuance qui sépare tels vers libres de telle prose rythmique.

A vrai dire, M. Léon Gautier a expliqué le vers des séquences par le parallélisme syllabique ; la séquence se compose d'une préface d'un vers, d'une finale d'un vers, et d'un nombre illimité de vers simples ou redoublés, vers appelés alors *versiculi* ou

---

(1) Cependant l'influence des chants populaires allemands est possible. Voir l'*Histoire de l'Ecole de Chant de Saint-Gall*, par le P. Schubiger ; Paris, 1865.

clausulæ. Mais ceci nous donne le mécanisme de la séquence et non l'essence du vers. D'ailleurs la prose rythmique autre que la séquence échappe à cette définition.

Dans la séquence quand les *clausulæ* sont doubles, la seconde est calquée sur la première : cela donne une strophe très élémentaire. Quant au nombre des syllabes, d'une clausule à l'autre, il varie de quatre ou cinq à vingt-cinq syllabes et même davantage. Il en est de même dans la prose rythmique, où un certain parallélisme syllabique ou d'accent se laisse aussi parfois deviner; à cela s'ajoutent la rime ou l'assonance, extérieures ou intérieures, parfois l'allitération. Ce qu'il y a de permanent dans ce vers n'est pas caractéristique du vers même; ce qu'il comporte d'accidents ou d'ornements pourrait plutôt servir de point de départ pour une définition, mais esthétique et non prosodique. Donc maintenons, quoique inexacte ou peut-être absurde, l'expression : vers libre.

Vers libre : je ne prétends ni à une assimilation ni même à une comparaison entre le vers de l'école de Saint-Gall et le vers d'aujourd'hui, quoique l'un comme l'autre soient obcurs. J'ai seulement voulu montrer qu'à huit siècles de distance on retrouve, en des circonstances peu analogues, la présence d'un vers qui souffre mal l'analyse prosodique, et qui est essentiellement différent de toutes les formes du vers, latines ou françaises. Si le vers des séquentiaires fut légitime, le nôtre n'a pas des droits moindres, car sa valeur esthétique est très souvent supérieure.

LE VERS POPULAIRE

Il y a dans les traditions littéraires un double fleuve. Le premier coule à découvert ; le second, occulte, fut jusqu'en ces dernières années insoupçonné. Ces deux littératures roulent sur le même fond de sable : l'homme et ses vieux malheurs ; très souvent, ils s'en vont, parallèles, l'un à fleur de terre, l'autre dedans, — portant au même but, le définitif oubli, d'identiques barques.

Voici un antique sujet « à mettre en vers » : *Héro et Léandre*. Ovide le broda, et Musée, et d'autres, et hier encore, *sans aucun doute*, tel poète. Or, en même temps qu'Ovide, en même temps que Musée, en même temps, *sans aucun doute*, que tel poète d'aujourd'hui, — un rapsode inconnu, ignorant Ovide, Musée et tout ce qui est écrit, puisant dans une tradition strictement *orale*, chantait, lui aussi, mais pour un autre public, « Héro et Léandre ».

Allez en France, allez en Flandre, en Allemagne ou en Suède, priez la vieille qui tricote ou la jeune fille qui bêche de vous chanter « l'histoire de l'amoureux qui se noya en nageant vers sa belle, l'histoire où il y a une tour et dans la tour un flambeau » : si elle daigne ou si elle ose, la vieille ou la jeune vous chantera, version flamande (1) :

« Ils étaient deux enfants de roi, ils s'aimaient si tendrement. Ils ne pouvaient se rejoindre. L'eau était trop profonde. Que fit-elle? Elle alluma trois flambeaux, le soir, quand le jour eut disparu.

— « O mon ami, viens, viens et nage vers moi ! Ainsi fit le fils du roi, il était jeune.

« Une vieille femme le vit, bien mauvaise mégère. Elle alla souffler les lumières et le jeune brave fut noyé. — O mère, mère chérie, ma tête me fait si mal, laissez-moi aller me promener quelque temps, me promener le long de la mer.

(1) *Recueil de Chansons populaires*, par E. Rolland. Paris, 1883-1890, 6 vol. in-8.

— « O fille, ma fille chérie, seule tu n'iras point là, mais éveille ta jeune sœur, qu'elle aille se promener avec toi. — O mère, ma jeune sœur est encore une si jeune enfant, elle cueille toutes les fleurs qu'elle trouve sur le chemin.

« Elle cueille toutes les fleurs, elle laisse les feuilles. Alors, les gens se plaignent et disent : voilà ce qu'ont fait les enfants du roi ! — O fille, ô ma fille chérie, seule tu n'iras point là, mais éveille ton plus jeune frère, qu'il aille se promener avec toi.

— « O mère, mon jeune frère est encore un si jeune enfant! Il court après tous les oiseaux qu'il trouve sur son chemin. — La mère alla à l'église, la fille se mit en chemin, jusqu'à ce que, au bord de l'eau, un pêcheur, le pêcheur de son père elle trouva.

— « O pêcheur, dit-elle, pêcheur, pêcheur de mon père, pêche donc une fois pour moi, tu en seras récompensé. — Il jeta ses filets dans l'eau, les plombs touchaient le fond. En un instant, il pêcha le fils du roi, il était jeune.

— « Que retira-t-elle de sa main? Une bague d'or rouge. — Prends, dit-elle, brave pêcheur, cette bague d'or rouge. — Alors, elle prit son amant dans ses bras et le baisa à la bouche. — O bouche, si tu pouvais parler, ô cœur, si tu étais en vie!

« Elle retint son amant dans ses bras et sauta avec lui dans la mer. — Adieu, dit-elle, beau monde, vous ne me reverrez plus. Adieu, ô mes père et mère, adieu tous mes amis, je m'en vais au ciel. »

Une telle ballade ne provient ni des latins, ni des grecs, ni des poètes d'académie, ni d'aucune littérature écrite : l'art en est très spécial, si spécial que nul poète, même un poète allemand, n'en pourrait faire un pastiche acceptable. La ballade de *Lénore* si médiocrement sentimentale chez Burger, se révèle, au contraire, dans sa forme orale, telle qu'une admirable vision fantastique; et *le Plongeur*, — une des plus populaires des chansons connues, comme il y a loin de celle de Schiller, qu'apprennent les écoliers, à celles que chantent les vieilles « le soir à la chandelle » !

Une poésie non écrite doit avoir des règles de versification toutes différentes des règles de la poésie littéraire, naguère admises sans révolte, aujourd'hui, il est vrai, presque démodées.

Le vers populaire français est un vers syllabique. Les plus communs comportent quatre, cinq, six, sept, huit, dix syllabes :

> (4) La belle Hélène
> (6) Dans la mer est tombée...
>
> (5) Il n'a pas vaillant
>   La fleur d'une épine...
>
> (5) Tu n'es plus fillette
>   A l'âge de quinze ans...
>
> (6) Tambour, joli tambour,
>   Donne-moi ta fleur de rose...
>
> (7) Il la mène sous une ente.
>   Oh ! qui graine sans fleurir.
>   Quand ils furent sous cette ente :
>   — C'est ici qu'il faut mourir !
>
> (8) Le Rossignol prend sa volée,
> (7) Au château d'Amour s'en va.
>
> (8) J'ai vu passer la belle Hélène
>   Qui paît ses moutons dans la plaine.
>
> (10) J'ai bien aussi des châteaux par douzaines
>   Et sur la mer deux ou trois cents navires.

C'est une question de savoir s'il ne faut pas considérer comme ne faisant qu'un vers ou deux vers les strophes ou couplets composés de deux ou de quatre petits vers. M. Doncieux dans ses savantes études critiques (1) sur la chanson populaire va jusqu'à ne considérer que comme un couplet de deux vers, la suite de quatre vers de huit syllabes, dont deux sans rimes. Il a restitué ainsi un curieux *chant monorime de la Passion* :

> La passion du doux Jésus, | qu'est moult triste et
> [dolente],
> Écoutez-la, petits et grands, | s'il vous plaît de
> [l'entendre].

L'hiatus n'est jamais évité; très souvent des liaisons inattendues le suppriment :

> Mon bon ami de cœur
> S'en va-*t*-aller en guerre...

Le rejet est inconnu : la répétition le remplace, soit formée d'un mot, soit d'un vers entier :

> *Beau pommier, beau pommier*
> Aussi chargé de fleurs,
> Que mon cœur l'est d'amour...

Ces vers ne sont strictement rimés que par hasard :

---

(1) Publiées dans *Mélusine* ; la dernière est de février 1899.

> Vous avez pâle *mine,*
> Je vois à vos jolis yeux bleus
> Que l'amour vous *domine,*

L'assonance remplace la rime.

> Va me porter cette *lettre*
> A ma mie qui est *seulette...*
> J'ai laissé tomber mon *panier,*
> Un beau monsieur l'a *ramassé...*

Montagne et *langage* sont des assonances; *serpe* et *veste*; *chèvre* et *mère*; *souci, jalousie*; *logis, famille*; *mise, mille*; *ville, fille*; *noces, homme*; *morte, folle*; *gorge, rose*; *œuf, pleut,* etc.

On rencontre des pièces entières sans rime, ni assonance, ainsi la ballade qui commence ainsi :

> J'ai fait l'amour sept ans,
> Sept ans sans en rien dire,
> O beau rossignolet,
> J'ai fait l'amour sept ans,
> Sept ans sans en rien dire.

On voit cependant que, dans ce cas, la répétition y supplée.

La synérèse se rencontre à chaque instant : quand une syllabe muette gêne pour la mesure, on la laisse tomber dans la prononciation ;

(6) Il ne faut qu'un *p*etit vent
(6) Pour envoler les fleurs...
(8) El*le* fait l'hiver, el*le* fait l'été
(6) Sous le pli de sa mante ..
(8) El*le* fait le rossignol chanter
(6) A minuit dans sa chambre
(8) El*le* fait la terre reverdir
(6) Sous ses pieds, quand el*le* danse...
(5) Gentil co*q*uelicot
                Mesdames
(5) Gentil co*q*uelicot
                Nouveau

(Les syllabes soulignées ne comptent pas dans la mesure du vers.)

Si le vers manque d'une syllabe on y supplée :

J'irai me plaindre
J'irai me plaindre
(6) Au duc de Bourbon (*duque*)

Mais de par la musique ces trois derniers petits vers n'en forment en réalité qu'un seul de 15 syllabes :

J'irai me plaindre, j'irai me plaindre au duque de
                                        [Bourbon] (1).

(1) Voir plus haut le chapitre sur le vers libre. La chanson

Je crois que l'on peut noter, d'après les derniers vers cités, deux rythmes particuliers dans la poésie populaire, l'un binaire, rythme de marche, l'autre ternaire, rythme de danse :

> El*le* fait || l'hiver || el*le* fait || l'été
> Dans le pli || de sa mante.

En général, le vers populaire est très fortement scandé, et garde, même sans musique, une allure de chant :

> Je voudrais || que la rose
> Fût encore || au rosier...
> Ma mè || re j'ai || une au || tre sœur,
> Une au || tre sœur || qu'est tant jolie...

Les strophes ou couplets varient de un jusqu'à huit vers, le refrain y joue un grand rôle, mais c'est une étude trop spéciale, trop intimement liée à la musique des chansons pour qu'il soit possible de l'introduire ici : au premier abord, la question paraît inextricable de savoir si paroles et musiques sont nées ensemble, si la musi-

---

populaire et la ronde justifient assurément les vers de 13, 14, 15 syllabes et plus. Je consigne ici ce rapprochement qui m'avait échappé tout d'abord.

que, dans tel ou tel cas, a été faite pour les paroles, ou les paroles pour la musique.

La poésie populaire est le pays de la licence, de toutes les licences : on pourrait même dire que la licence est la seule vraie règle de sa versification. Nous venons de parler de la synérèse, qui est fondamentale : en voici bien d'autres. Vous rencontrerez des formes verbales, — déformations exigées par l'assonance, en des chansons monorimes, aussi étranges que : je *cherchis*, je me *couchis*, il *s'endorma*, il *vena* :

> J'ai *descendu* dans mon jardin
> *Cueillire* la lavande...
>
> Je prends mon échalette (*échelle*),
> Mon panier sous mon bras.
> M'en vais de branche en branche,
> Les plus belles, je *cueillas*...
>
> Il la prit par sa main blanche,
> Dans son jardin la *menit*...
>
> Vous avez la main *teindue* (*teinte*)
> De couleur de violette...

Ce n'est pas d'un effet bien désagréable. Un tel procédé se retrouve dans l'ancienne poésie italienne. Dante, notamment, n'écrit-il pas, en vue de la rime : *dolve* pour *dolse* ; *vui* pour *voi* ; *morisse* pour *morissi* : *soso* pour *suso* ; *diede* pour *diedi* ; *lome* pour *lume*, etc.

Pas désagréable, non plus, l'emploi de certains mots désuets ou forgés :

> Le premier mois de l'année,
> Que me donnerez-vous, ma mie ?
> — Une *perdrisolle* (perdrix),
> Qui va, qui vient, qui vole
> Qui vole dans les bois...

> Il l'envoyait au bois
> Cueillire la *noisille* (noisette)...

> Il fait virer les *ouailles*
> Quand elles sont dans le blé...

> A toutes les *virées*
> Demande à m'embrasser...

et dans la jolie ronde *Quand Byron voulut danser* :

> Son chapeau fit apporter,
> Son chapeau en *clabot*...

Certaines de ces déformations sont exquises : telle la féminisation du mot *cœur* :

> Dors-tu, *cœure* mignonne,
> Dors-tu, *cœure* jolie ?

Des expressions qui semblent de terribles lieux communs reviennent avec insistance ; il faut les comprendre : Dans la bouche des filles, mon cœur *volage*, mon cœur *en gage*, mon *avantage*, etc., sont toujours un euphémisme pour un mot trop clair et devenu trop brutal, que le vieux français traitait avec moins de réserve.

Ce système, d'une simplicité toute barbare et primitive, peut aboutir à des effets remarquables de rythme, de pas marqué, de mouvement fortement scandé ; il est assez rare qu'une harmonie bien notoire de diction puisse en sortir. D'ailleurs, presque tout ce qui, de la chanson populaire, arrive au jour, se compose de fragments informes, pleins de trous, de grossiers rafistolages ; il n'y a, en langue française, du moins, que très peu de ces ballades entièrement belles et sans bavures (1). Quelques-unes sont d'une étrange obscurité et l'on s'étonne que la mémoire les garde aussi fidèlement. En voici une de ce genre qui est fort agréable :

---

(1) C'est à quoi veut remédier M. G. Doncieux en établissant, au moyen de versions et de variantes, un texte critique et, en somme, très vraisemblable, des chansons populaires.

Mon père a fait faire un étang,
C'est le vent qui va frivolant,
Il est petit, il n'est pas grand,
C'est le vent qui vole, qui frivole,
C'est le vent qui va frivolant.

Il est petit, il n'est pas grand,
Trois canards blancs s'y vont baignant.

Trois canards blancs s'y vont baignant,
Le fils du roi les va chassant.

Le fils du roi les va chassant
Avec un p'tit fusil d'argent.

Avec un p'tit fusil d'argent
Tira sur celui de devant.

Tira sur celui de devant,
Visa le noir, tua le blanc.

Visa le noir, tua le blanc,
O fils du roi, qu'tu es méchant,

O fils du roi, qu'tu es méchant,
D'avoir tué mon canard blanc.

D'avoir tué mon canard blanc,
Après la plume vint le sang.

Après la plume vint le sang,
Après le sang l'or et l'argent.

Après le sang l'or et l'argent,
C'est le vent qui va frivolant.
Après le sang, l'or et l'argent,
C'est le vent qui vole, qui frivole,
C'est le vent qui va frivolant.

Celle-ci peut passer pour une des plus charmantes. Elle appartient au cycle de *La fille qui fait trois jours la morte pour son honneur garder* :

> Où sont les rosiers blancs,
> La belle s'y promène,
> Blanche comme la neige,
> Belle comme le jour,
> A qui trois capitaines
> Ont voulu faire l'amour.
>
> Le plus jeune des trois
> La prit par sa main blanche :
> — Soupez, soupez la belle,
> Ayez bon appétit,
> Entre trois capitaines,
> Vous passerez la nuit. —
>
> Au milieu du souper
> La belle tombe morte.
> — Sonnez, sonnez trompettes,
> Violonnez doucement,
> Voilà, ma mie est morte,
> J'en ai le cœur dolent.
>
> — Où l'enterrerons-nous,
> Cette blanche princesse ?
> Au logis de son père
> Il y a trois fleurs de lys,
> Nous prierons Dieu pour elle ;
> Qu'elle aille en paradis. —
>
> Au milieu du convoi,

> La belle se réveille,
> Disant : — Courez, mon père,
> Ah, courez me venger,
> J'ai fait trois jours la morte,
> Pour mon honneur garder.

La morale des chansons populaires est à la fois très légère et très sombre : le peuple y apparaît comme uniquement en quête du plaisir, et principalement de l'amour. Si l'amour est souvent tragique, le mariage est grotesque ou terrible : tromper ses parents, voilà l'affaire de la fille; tromper son mari, voilà l'affaire de la femme; tromper son amant, tromper sa maîtresses, voilà l'affaire des amantes et des amants. La vengeance est fréquente, fréquent le suicide. Les passions élémentaires surgissent violentes et cyniques, comme dans la chanson du *Vieux Mari*, dont sa femme attend la mort pour en porter au marché la peau, et avec le prix s'acheter un mari neuf et jeune. C'est partout la candeur et la férocité de la bête amoureuse. L'impudeur y est parfois charmante et la passion superbe (*Marion, Jean Renaud*). La fillette, spécialement, y apparaît à nu, tantôt se laissant mourir de désespoir, tantôt *ne disant pas non* au cavalier qui passe, *pourvu qu'il ait bourse pleine*, tantôt victime de sa paresse et de sa mauvaise conduite :

> Les soldats l'ont laissée
> Sans chemise et sans pain...

Telle chanson, comme la *Mal Mariée*, révèle le pessimisme résigné de gens qui sentent que la vie est mauvaise, et mauvaise sans remède ; mais telle autre dit bellement la joie héroïque de l'amour, comme la *Fille dans la Tour*, dont voici une version mutilée :

> Le roi Louis est sur son pont,
> Tenant sa fille en son giron.
> Elle lui demande un timbalier
> Qui n'a pas vaillant six deniers.
>
> — Eh oui, mon père, oui je l'aurai,
> Malgré ma mère qui m'a portée,
> Je l'aime mieux que tous mes parents,
> Vous, père et mère, qui m'aimez tant !
>
> — Ma fille, il faut changer d'amour,
> Ou bien vous irez dans la tour.
> — J'aime mieux aller dans la tour
> Que de jamais changer d'amour !
>
> — Qu'on fasse venir mes estafiers,
> Mes geôliers, mes guichetiers !
> Qu'on mette ma fille dans la tour,
> Elle n'y verra jamais le jour.

Elle est restée dans cette tour
Sept ans passés sans voir le jour.
Au bout de sa septième année,
Son père y vint la visiter.

— Eh bien, ma fille, comment vous va?
— Ma foi, mon père, ça va bien bas.
J'ai les pieds pourris dans la terre
Et les côtés mangés des vers.

— Ma fille, il faut changer d'amour
Ou bien vous resterez dans la tour
— J'aime mieux rester dans la tour
Que de jamais changer d'amour!

La *Triste Noce*, assez peu connue, est, dans sa simplicité tragique, une des plus mémorables parmi les grandes ballades françaises et, ce qui est fort rare, elle paraît intacte et complète :

J'ai fait l'amour sept ans,
Sept ans sans en rien dire,
O beau rossignolet,
J'ai fait l'amour sept ans
Sept ans sans en rien dire.

Mais au bout des sept ans
Voilà que je me marie,
O beau rossignolet,
Mais au bout des sept ans
Voilà que je me marie.

J'ai cueilli-z-une rose
Pour porter à ma mie,
O beau rossignolet,
J'ai cueilli-z-une rose
Pour porter à ma mie.

La rose que j'apporte,
C'est une triste nouvelle,
O beau rossignolet,
La rose que j'apporte,
C'est une triste nouvelle.

On veut me marier
Avec une autre fille,
O beau rossignolet,
On veut me marier
Avec une autre fille.

La fille que vous prenez,
Est-elle bien jolie?
O beau rossignolet.
La fille que vous prenez
Est-elle bien jolie?

Pas si jolie que vous
Mais elle est bien plus riche,
O beau rossignolet,
Pas si jolie que vous
Mais elle est plus riche.

La belle, si je me marie,
Viendrez-vous à la noce?
O beau rossignolet,
La belle si je me marie
Viendrez-vous à la noce?

Je n'irai pas à la noce
Mais j'irai-z-à-la danse,
O beau rossignolet,
Je n'irai pas à la noce
Mais j'irai-z-à la danse.

Oh! si vous y venez
Venez-y bien parée,
O beau rossignolet,
Oh! si vous y venez
Venez-y bien parée.

Quel habit veux-je prendre
Est-ce ma robe verte?
O beau rossignolet,
Quel habit veux-je prendre
Est-ce ma robe verte?

Oh! la couleur violette
Est encore la plus belle,
O beau rossignolet,
Oh! la couleur violette
Est encore la plus belle.

Entrant à la maison,
Salut, les gens de la noce,
O beau rossignolet,
Entrant à la maison,

Salut, les gens de la noce.

Non pas la mariée,
Car je la devrais être,
O beau rossignolet,
Non pas la mariée,
Car je la devrais être.

Le marié la prend
Pour faire un tour de danse,
O beau rossignolet,
Le marié la prend
Pour faire un tour de danse.

Au premier tour de danse
La belle change de couleur,
O beau rossignolet,
Au premier tour de danse
La belle change de couleur.

Au deuxième tour de danse
La belle change encore,
O beau rossignolet,
Au deuxième tour de danse
La belle change encore.

Au troisième tour de danse
La belle est tombée morte,
O beau rossignolet,
Au troisième tour de danse
La belle est tombée morte.

Le marié la prend,
Dessus son lit la porte,
O beau rossignolet,
Le marié la prend,
Dessus son lit la porte.

Apportez de l'eau de rose
Aussi de l'eau-de-vie,

O beau rossignolet,
Apportez de l'eau de rose
Aussi de l'eau-de-vie.

Pour donner à ma mie,
Car je crois qu'elle est morte,
O beau rossignolet,
Pour donner à ma mie,
Car je crois qu'elle est morte.

Il va chez le sonneur
Pour faire sonner les cloches,
O beau rossignolet,
Il va chez le sonneur
Pour faire sonner les clo-
　　　　　　　　　[ches.

Et sonnez-les si bien
Que chacun les entende,
O beau rossignolet,
Et sonnez-les si bien,
Que chacun les entende.

S'en va chez le fosseur
Pour faire creuser la fosse.
O beau rossignolet,
S'en va chez le fosseur
Pour faire creuser la fosse,

Faites-la profonde et large
Que trois corps y reposent,

O beau rossignolet,
Faites-la profonde et large
Que trois corps y reposent.

Celui de ma mie, le mien,
Celui de l'enfant qu'elle
　　　　　　　　　[porte,
O beau rossignolet,
Celui de ma mie, le mien,
Celui de l'enfant qu'elle
　　　　　　　　　[porte.

Il rentra dans sa chambre
Et se coupa la gorge,
O beau rossignolet,
Il rentra dans sa chambre
Et se coupa la gorge.

Les gens de la noce disent :
Grand Dieu ! quelle triste
　　　　　　　　　[noce.
O beau rossignolet,
Les gens de la noce disent :
Grand Dieu ! quelle triste
　　　　　　　　　[noce.

Les jeunes gens qui s'aiment
Mariez-les ensemble,
O beau rossignolet,
Les jeunes gens qui s'aiment
Mariez-les ensemble.

Que l'émotion esthétique que donne une telle complainte soit d'une nature un peu spéciale, je le veux bien ; mais il ne faut pas la dire vulgaire, car, après tout, il s'agit ici du drame humain élémentaire et nu.

LE CLICHÉ

Il n'y a pas de différence essentielle entre la phrase et le vers; le vers n'est qu'un mot, comme le mur n'est qu'un bloc. Ni du mur, ni du vers, ni de la phrase on ne peut retirer une pierre ni un mot, que le bloc ne se fende et croule. Sans pousser la règle à l'absolu et sans requérir le secours précaire des comparaisons, on dira plus nettement que la phrase est une suite de mots liés entre eux par un rapport logique. Le mot constate l'existence d'un être, d'un acte, d'une idée; la phrase constate les relations multiples, directes ou inverses, des idées, des êtres, des actes. Ces relations peuvent être fugitives, uniques, rares; elles peuvent être permanentes ou, malgré leur diversité, considérées selon leur état le plus fréquent, le plus visible, le plus connu : une phrase faite une fois pour toutes exprime parfaitement ces rapports vulgaires au retour rythmique ou périodique. Par allusion à une opération de fonderie élémentaire usitée dans les imprimeries, on a donné à ces phrases, à ces blocs infrangibles et utilisables à l'infini, le nom de clichés. Certains pensent avec des phrases toutes faites et en usent exactement comme un écrivain original use des mots tout faits du dictionnaire.

Il faut ici différencier le cliché d'avec le lieu commun. Au sens, du moins, où j'emploierai le mot, cliché représente la matérialité même de la phrase ; lieu commun, plutôt la banalité de l'idée. Le type du cliché, c'est le proverbe, immuable et raide; le lieu commun prend autant de formes qu'il y a de combinaisons possibles dans une langue pour énoncer une sottise ou une incontestable vérité.

Des hommes peuvent parler une journée entière, et toute leur vie, sans proférer une phrase qui n'ait pas été dite. On a écrit des tomes compacts où pas une ligne ne se lit pour la première fois. Cette faculté singulière de penser par clichés est quelquefois développée à un degré prodigieux et sans doute pathologique. Peut-être que des réflexions sur ces phénomènes seront utiles à ceux qui observent curieusement le mécanisme de la pensée humaine.

Il y a, de jadis, un opuscule grotesque, maintes fois réimprimé et encore colporté; c'est un *Sermon en proverbes*, ordonné pour satiriser soit les gens qui évoquent trop, par la sagesse des nations, leur propre niaiserie, soit les prédicateurs qui répétaient toujours les mêmes exhortations vaines comme le vent qui égrène l'herbe des cimetières; le pauvre auteur enfile donc avec un certain soin les proverbes les plus connus, jusqu'à faire quatre pages dont le sens est fort bien suivi et que l'on comprend, pourvu qu'on ne soit pas devenu hébété dès la première : « Prenez garde, n'éveillez pas le chat qui dort; l'occasion fait le larron, mais les battus paieront l'amende; fin contre fin ne vaut rien pour doublure ; ce qui est doux à la bouche est amer au cœur, et à la chandeleur sont les grandes douleurs. Vous êtes aises comme des rats en paille; vous avez le dos au feu et le ventre à table ; on vous prêche et vous n'écoutez pas; je le crois bien, ventre affamé n'a point d'oreilles ; mais aussi rira bien qui rira le dernier. Tout passe, tout casse, tout lasse : ce qui vient de la flûte retourne au tambour, et on se trouve le cul entre deux selles; on veut recourir aux branches, mais alors il n'est plus temps, l'arbre est abattu; c'est de la moutarde après dîné; il est trop tard de fermer l'écurie quand les chevaux sont dehors. » Tel livre d'hier n'est pas rédigé selon un système différent, si l'on admet que l'écriture par clichés puisse être un acte raisonnable et volontaire. Dans le discours du colporteur boiteux, on trouve encore quelques traces du vieux burlesque; dans certains tomes modernes offerts aux loisirs démocratiques, on ne découvrira rien qui émerge au-dessus de la platitude. C'est le vide rigoureux des légendes interplanétaires, le *nihil in tenebris* de l'imagination scolastique.

Que l'on se figure donc un atelier typographique où les casses, organismes géants, contiennent non pas des lettres, non pas des mots entiers, comme on l'a expérimenté, mais des phrases; cela sera l'image de certains cerveaux : « A..., destiné à la noble carrière des armes, recevait une éducation virile, et se préparait à porter dignement le nom de son père. — B..., toujours traité en enfant gâté, dont la volonté et les caprices sont des ordres, ne quittait guère le foyer paternel, où il prenait des habitudes d'oisiveté et de paresse. — N'ayant eu pour le soutenir ni l'affection, ni les conseils de sa mère ; mal surveillé, mal dirigé par un père trop faible qui, toujours en admiration devant son fils, lui passait tous ses caprices, excusait toutes ses fantaisies, à dix-huit ans B... était sceptique et frondeur, ne croyant ni à Dieu ni à diable. — Il était homme à ne reculer devant rien, à n'être arrêté par aucun scrupule. — Aveuglé par son amour paternel, C... ne suivit pas les progrès incessants du mal, cette gangrène morale qui s'empare du cerveau d'abord pour descendre ensuite au cœur. — Il faut que jeunesse se passe. » Voilà le genre. J'en ai pris l'exemple dans un vieux journal et j'estime que, de telles phrases ayant, sous leurs diverses variantes syntaxiques, été imprimées, depuis quarante ans, des centaines de fois, il est à peu près impossible de découvrir le feuilleton où je les ai copiées. Mais cela n'importe pas, puisque précisément elles ont été choisies pour donner l'impression d'un cerveau anonyme et du parfait servilisme intellectuel.

Ce cerveau anonyme est pourtant doué de deux

ou trois qualités ou affections particulières : d'une mémoire spéciale, très étendue; d'une faculté abstractive qui semble en corrélation avec une cécité cérébrale presque absolue.

La mémoire est un phénomène très complexe et tout mécanique. Il s'emmagasine dans notre cerveau une multitude de petits « négatifs » qui, à l'occasion, se reproduisent instantanément en exemplaires plus ou moins nets. Un cerveau conserve plus volontiers tels de ces négatifs ; il y a par exemple la mémoire visuelle et la mémoire verbale; elles peuvent coïncider, elles peuvent s'exclure. Littérairement, ces deux mémoires réunies sont la condition d'un talent original ; isolée, la première est représentative de ces hommes qui ont vu, senti, pensé et qui ne peuvent cependant se traduire clairement ; la seconde répond à ce qu'on appelle vulgairement la « mémoire » en style pédagogique ; elle ne peut produire qu'un talent purement oratoire ou abstrait, nécessairement limité, superficiel et sans vie. Cette seconde mémoire semble pouvoir se subdiviser, quand il s'agit du style ou de l'écriture (1) en mémoire des mots et mémoires

---

(1) On ne tente ici que des insinuations, laissant à d'autres le

des groupes de mots, locutions, proverbes, clichés. Il y a des aphasiques qui n'ont perdu que la mémoire du mot et qui peuvent désigner la chose par une périphrase; on retrouverait les traces d'une telle maladie dans certains écrits vulgaires, et avec cette aggravation qu'alors la périphrase n'a souvent aucun sens, ne correspond qu'à une intention et ne pourrait être remplacée par un mot. Ainsi dans une des phrases citées, le passage : «... cette gangrène morale qui s'empare du cerveau d'abord pour descendre ensuite au cœur ». Cela est peut-être d'un degré au-dessous de l'aphasique qui, pour « couteau », dit « ce qui sert à couper » ; c'est un bruit, mais à peine labial, le soufflement de l'asthmatique.

Cependant, il s'agit de mémoire, et d'une mémoire étendue et sûre, quoique bornée d'un côté. Les amnésiques du verbe oublient d'abord ce qu'il y a de plus particulier dans le langage, les noms propres, les substantifs, les adjectifs ; les parties du langage qui ont la vie la plus dure sont les phrases toutes faites, les locutions usuelles.

---

soin d'en vérifier ou d'en nier la valeur scientifique, d'après les principes de M. Ribot, *les Maladies de la Mémoire.*

Des malades, incapables d'articuler un mot, retrouvent leur langue pour expectorer des « clichés » ! La sorte de style qui nous occupe serait donc une des formes de l'amnésie verbale élevée à la puissance littéraire. On suppose que dans la formation des langues l'ordre d'apparition des mots a été inverse de l'ordre de disparition constaté dans certaines maladies, les mots précis ayant été trouvés ou fixés les derniers, quand les esprits ont été capables d'idées nettes bien délimitées, tandis que les mots abstraits, appris d'abord, tels grands mots de la religion, de la philosophie, de la politique, restent dans les lobes, et témoignent jusqu'à la dernière heure de la puérilité d'une intelligence. Ce mécanisme explique les conversions tardives, le goût des vieillards pour les formules morales, ainsi que la psychologie des fanatiques qui n'ont jamais pu atteindre le mot net correspondant à un fait nu ; l'emploi du cliché, en particulier, accuse une indécision qui est un signe certain d'inattention et de déchéance. Mais certaines mémoires même tronquées peuvent, selon l'expression de M. Ribot, s'exalter dans leur portion saine : et ceci fait comprendre l'état de l'homme qui ne pense que par clichés ; il y a là un phénomène très curieux d'exaltation de la mémoire partielle. Pour l'expliquer, il n'est besoin que de la théorie de l'association ; un proverbe en amène un autre ; un cliché traîne après lui toutes ses conséquences et toutes ses guenilles verbales. C'est un long cortège dont le défilé surprend, même après qu'on en a compris le mécanisme.

Voici. Un homme est doué à un bon degré de la mémoire visuelle et de la mémoire verbale simple ; s'il décrit un paysage, même imaginaire, même fantastique, même irréel, c'est qu'il le voit. Le schéma de ses gestes serait alors identique chez lui et chez le dessinateur qui alternativement lève la tête et crayonne. Pour réaliser sa description il n'a besoin que des mots et de l'usage familier de la langue ; la construction de sa phrase est déterminée par sa vision ; il ne pourrait employer des clichés que si ces clichés concordaient parfaitement avec la vision mentale qu'il évoque intérieurement. Les clichés ne concorderaient que si la vision était exactement celle qui a déterminé la première fois le choix des mots particuliers, ensuite répétés et arrivés à l'état de cliché. Cela est impossible, du moment qu'on suppose que l'écrivain est sincère et qu'il est doué, comme cela fut d'abord convenu, des deux mémoires, visuelle et verbale.

Dans l'autre cas, au contraire, le paysage écrit n'est pas une description, mais une construction de logique élémentaire ; les mots échouent à prendre des postures nouvelles, qu'aucune réalité intérieure ne détermine ; ils se présentent nécessairement dans l'ordre familier où la mémoire les a reçus : ainsi depuis cinq siècles les poètes français inférieurs chantent, avec les mêmes phrases nulles, le printemps virgilien.

Tous les écrivains dénués de la mémoire visuelle n'ont pas nécessairement une excellente mémoire des signes, ou plutôt des groupes de signes. Dans leur cerveau inactif, les associations de clichés se font difficilement. Pour ces amputés de tous les membres on rédigea des dictionnaires. L'un, le plus beau, a pour titre *le Génie de la langue française* (1); on y trouve la plupart des mots du vocabulaire et, à leur suite,

---

(1) *Le Génie de la langue française, ou Dictionnaire du langage choisi, contenant la science du bien dire, toutes les richesses poétiques, toutes les délicatesses de l'élocution la plus recherchée, etc.*, par Goyer-Linguet ; 1846.

la série des phrases toutes faites et comme cristallisées autour de l'idée qu'ils représentent. On ouvre et l'on voit aussitôt : « l'abeille diligente butiner sur les fleurs — voltiger de fleur en fleur — errer dans la plaine fleurie — ravir le miel que renferme la fleur — dormir sur le sein d'une rose — charger son vol léger du suc des fleurs — piller le thym et le serpolet — se rouler dans le calice des fleurs », et cela, comme le dit si bien l'auteur ingénu, « selon toutes les délicatesses de l'élocution la plus recherchée ». Si l'on franchit quinze cents colonnes, voici « les bras — la coupe — les pièges — le siège — le trône de la volupté ; voici des yeux noirs comme du jais — des yeux à demi-voilés par de longues paupières — des yeux dont on arrache le bandeau fatal — des yeux qui se détachent — des yeux qui se repaissent — des yeux qui se fondent en pleurs — des yeux qui lancent des éclairs », et plusieurs de ces images furent belles, mais elles ne le sont plus, puisqu'elles ne sont pas nouvelles.

Ce dictionnaire ne semble pas avoir été goûté; il contient trop d'expressions qui n'ont été dites qu'une fois; le cliché ne s'y rencontre pas du premier coup et il faut aller chercher parmi un taillis épineux d'expressions déconcertantes, puisque le souvenir ne les reconnaît pas. L'homme qui écrit par clichés est difficile à tromper ; à défaut de mémoire, il a de l'instinct et on ne le ferait pas coucher avec une phrase qui ne se serait pas prostituée à plusieurs générations de grimauds.

Un recueil du même genre fut publié au siècle dernier, mais la littérature était modeste alors ; l'on se contentait d'un dictionnaire d'épithètes (1), livre misérable et qui n'a d'intérêt que comme représentant psychologique d'une basse époque. Non que le révérend père fût prude ou timoré ; il note les épithètes de Voltaire et des poètes galants et la grossièreté même ne le rebuta pas, mais c'est précisément parce qu'il est bien de

(1) *Les Epithètes françaises rangées sous leurs substantifs, ouvrage utile aux poètes, aux orateurs, etc.*, par le R. P. Daire, sous-prieur des Célestins de Lyon. A Lyon, M.DCC.LIX. — Ce livre a été refait récemment et, le croira-t-on, pour guider dans les sentiers de la vertu littéraire les jeunes disciples de l'Apollon noir. Je ne sais si je m'explique clairement ; le volume a pour titre : *Album poétique ou la Nature et l'Homme* et il a été publié à Cap-Haïtien par un magistrat de couleur, M. Ch. Anselin. Rien de plus réjouissant que le choix des épithètes, par exemple celles du mot gorge : plantureuse, grasse, magnifique, énorme, etc.

son temps qu'il est épouvantable. Son livre est glacial; ses clichés sont des grêlons tombant sur un toit de plomb. En reprenant les mots abeille, volupté et yeux, on trouve dans le catalogue du prieur des Célestins : Abeille : badine — bourdonnante — diligente — importune — imprudente (Voltaire) — industrieuse — laborieuse — ménagère — mouchetée — ouvrière — piquante — prévoyante — vagabonde; Volupté : douce — efféminée, — enfantine — étudiée — fine (Voltaire) — folâtre — grossière — lâche — obscène — prodigue — profane — pure — riante — sévère — subtile — sucrée; Yeux : abusés — assassins — attendris — bandés — bouchés — chassieux — cruels — délicats — ébaubis — éblouissants — éloquents — ennemis — éplorés — fistuleux — fondus — gémissants — homicides — hypocrites — impudiques — langoureux — noyés — pochés, etc.

Il y a là un moment triste. On voit la poésie malade poussée dans une petite voiture par un vieux Célestin jovial et méticuleux qui la mène à l'hôpital. Le vers français se fait par le procédé que les régents enseignent avec fruit pour le vers latin; on a des principes; on sait que « les épithètes sont destinées à rendre le discours plus énergique » et « qu'elles produisent un ornement sensible dans le style, pourvu qu'elles soient bien ménagées et qu'on en use avec discrétion, sans émousser le goût en les multipliant trop ». La discipline du collège a incliné les esprits à ne considérer que les idées les plus générales; l'abstrait domine la vie. L'abeille plane immobile dans l'espace, sans relations avec les choses que selon le caprice du rhétoricien; on use de l'abeille, non comme d'un être, mais comme d'un signe, qu'une ficelle incline. La poésie du dix-huitième siècle et, malgré Buffon, sa prose donnent l'impression d'une littérature d'aveugles; non seulement la mémoire visuelle semble partout abolie, mais on dirait que même la vision oculaire est un sens rare ou encore en enfance. Il est difficile de voir; c'est une faculté animale et c'est un don humain. Des hommes voient avec génie : rien de ce qui a passé sous leurs yeux ne leur est impossible à évoquer. Victor Hugo était un de ces voyants. Chaque fois qu'il levait les yeux, un monde nouveau entrait en lui et n'en sortait plus qu'au jour des incantations imaginaires. La poésie, en somme, et l'art, quel qu'il soit, a pour outil premier l'œil. Sans l'œil, il n'y a que des raisonneurs.

L'éducation, telle qu'elle est pratiquée depuis trois siècles sans modifications sérieuses, développe particulièrement le goût de la phrase toute faite ; et il importe peu qu'elle soit latine ou seulement française, puisque les auteurs français dont on « orne la mémoire » des enfants sont des succédanés des auteurs latins et leurs meilleurs traducteurs. Dans l'un ou l'autre ordre, le principe est de cultiver la mémoire verbale aux dépens de la mémoire visuelle. On n'enseigne pas à regarder, mais à écouter ; il semble que les enfants ne devraient avoir des yeux que pour lire, des yeux postiches qu'ils remettraient dans leur poche, la leçon sue, comme le professeur, ses lunettes. L'oreille est la baie favorite ; le Saint-Esprit entre toujours par l'oreille ; mais sous la forme de mots et de phrases qui s'inscrivent au cerveau tels qu'ils sont prononcés, tels qu'ils ont été entendus ; et ils en ressortiront un jour, identiques en sonorité et peut-être nuls en signification. Ce qui entre par l'œil, au contraire, ne peut sortir par les lèvres qu'après un travail original de transposition ; raconter ce qu'on a vu, c'est analyser une image, opération complexe et laborieuse ; dire ce que l'on a entendu, c'est répéter des sons, peut-être comme un mur.

Cependant pour certains cerveaux, toute lecture, tout discours se transforme en images; le souvenir sonore de la phrase n'est pas conservé. C'est l'opération inverse de la réduction de l'image visuelle en paroles. Michelet ou Flaubert ont puisé en des écritures antérieures des visions aussi intenses que celles qu'auraient pu leur donner le spectacle même des mœurs et des tragédies de jadis. De tels esprits sont assez souvent inaptes à traduire exactement une langue en une autre; ils perçoivent une image et la transposent par des phrases, au lieu de calquer directement la phrase sur la phrase : ils le sont plus souvent encore à répéter textuellement des mots; la mémoire littérale accompagne rarement la mémoire visuelle.

La mémoire visuelle rend les hommes indociles ; la mémoire littérale dispose à la passivité. Il est donc tout naturel que ce soit cette faculté que les écolâtres aient le plus volontiers labourée avec la charrue de leur méthode. Le latin fut un des meilleurs socs de rechange de cette charrue traditionnelle ; il a creusé un bon sillon dans les cerveaux et préparé une moisson baroque : la citation. La citation est latine, essentiellement. Elle est, comme dit le prieur des Célestins, un ornement et une béquille ; elle pare le discours et elle le renforce. Elle est la moisissure des styles rances et l'argument des raisonnements illogiques. Quels clichés plus vénérables que les centons de Virgile et d'Horace, et quels coins plus faciles à enfoncer ! Leur sens douteux ou vain permet de les insérer partout où il y a un trou. Sait-on ce que veut dire le *Sunt lacrymæ rerum?* A peine. « Expression tirée de l'Énéide, affirme un guide-âne populaire, et qui sert à faire entendre que la vue d'une grande infortune excite la pitié : *les choses elles-mêmes arrachent des larmes.* » Et la banalité de cette pensée, en effet, incite à pleurer. Alors on se demande par quel miracle ces trois mots, enlevés comme trois brins de fil à la robe admirable d'un poème, ont pu se conserver pendant des siècles dans le musée de la mémoire? C'est sans doute que leur obscurité fait leur grâce et leur force ; ils disent ce que l'écrivain ne sait pas dire, quoi qu'il sente; ils font croire à celui qui en est ému que celui qui les profère abrège par un signe connu la longue litanie de ses émotions, tandis que celui qui les écrit revêt placidement son impuissance d'une forme dont il connaît, pour l'avoir éprouvée, la vertu communicative et tyrannique. Le guide-âne allégué encadre volontiers dans un exemple d'écriture chacune des fleurs dont il est l'herbier; il y en a de délicieux : « *Dulces reminiscitur Argos* (Il revoit en souvenir sa chère Argos). Expression dont Virgile se sert pour rendre plus touchante la douleur d'un jeune guerrier qui meurt loin de sa patrie. *Nous vîmes au Jardin des plantes une jeune girafe dont l'air mélancolique rappelait le* dulces reminiscitur Argos. »

Quelles sont les sources des clichés? Naturellement les œuvres qui ont eu un succès durable et dont l'influence s'est étendue sur plusieurs générations, sinon sur plusieurs siècles. L'histoire du cliché serait l'histoire même des littératures dans leurs rapports avec la mode. Comme il y a toujours eu des écrivains privés de la mémoire visuelle, et que la mémoire verbale est un des signes les plus apparents de la vocation littéraire, l'usage des phrases toutes faites se retrouve à toutes les époques ; tout auteur célèbre traîne après lui un cortège équivoque qui répète ses mots et ses gestes. Le zèle de ces imitateurs est redoutable, non pour la réputation, sans doute, mais pour le charme futur des chefs-d'œuvre. Ils avilissent promptement, en les insérant dans leurs pages, les plus belles images des livres dont le succès les grise et les surexcite ; de ces panneaux vulgaires, les tableaux déjà troués et décolorés passent dans les loges, se font vignettes pour orner les lettres, sornettes pour égayer les conversations. L'imitation est la souillure inévitable et terrible qui guette les livres trop heureux : ce qui était original et frais semble une collection ridicule d'oiseaux empaillés ; les images nouvelles sont devenues des clichés. Il faut très longtemps pour que l'œuvre ainsi tuée par une sorte d'envoûtement renaisse à la vie littéraire ; il faut que toute la littérature intermédiaire et imitatrice disparaisse dans l'oubli ; alors l'œuvre primitive, lavée et réhabilitée, s'offre à nouveau dans sa grâce première. Des livres ne virent ou ne verront jamais cette heure-là : *Télémaque,* l'œuvre la plus imitée, phrase à phrase, de toutes les littératures, est pour cela même, définitivement illisible. C'est dommage, peut-être, et c'est injuste, mais comment goûter encore « les gazons fleuris — ces beaux lieux — qu'elle arrosait de ses larmes — un silence modeste — une simplicité rustique — les doux zéphirs — une délicieuse fraîcheur — le doux murmure des fontaines »? Voici la fameuse grotte tapissée de vigne, de cette vigne devenue vierge au cours des années; voici les mille fleurs naissantes qui émaillent toujours les vertes prairies; voici le doux nectar, la vie lâche et efféminée, la jeunesse présomptueuse; voici « le serpent sous les fleurs ». Oui, *latet anguis in herba* : tout cela en somme est traduit du latin. Sans doute, mais *Télémaque* eut cependant une grâce qu'il eût conservée si les imitateurs avaient été moins empressés à effacer sous leurs grossières caresses le velouté du fruit.

Ici, il y a une objection qui se dresse grave et ironique. N'est-il pas possible, au contraire, que le zèle des imitateurs ait été à la fois l'ensevelisseur et l'embaumeur de *Télémaque* et de toutes les œuvres dont le sort fut pareil? Cela est très possible. C'est parce que les images de *Téléma-*

que sont devenues des clichés que nous ne pouvons plus les aimer; mais si elles étaient restées en leur état original, nous ne les comprendrions peut-être plus et nous n'aurions même pas l'idée d'entr'ouvrir le livre pour nous réjouir à des visions énigmatiques. Ainsi les œuvres de littérature, toutes condamnées à la mort, périraient, les unes étouffées par l'oubli, les autres étouffées par l'admiration. L'oubli serait préférable si l'admiration ne laissait du moins surnager, après le naufrage, deux mots : le nom de l'auteur; le titre du livre. Les privilégiés de la gloire sont peut-être les écrivains dont les œuvres se transmettent de ferveur en ferveur comme le secret d'Isis; le peuple de la littérature n'est point tenté pour elles d'un amour irrespectueux, et une élite de fidèles, où il y a des prêtres, récite, en guise de prières, les pages adorées du livre défendu à la foule. Il semble que Verlaine, Villiers, Hello, Mallarmé soient destinés à cette gloire qui n'est limitée qu'en étendue et qui est celle de Villon, de Théophile, de Tristan, de Beckford, de Vigny, de Baudelaire. Seuls, les Shakespeare, plus faciles à compter, résistent à la prostitution du génie, parce que, redevenus pareils à la nature qu'ils représentent, ils offrent aux hommes moins une source d'imitation qu'une source d'art, un monde nouveau et second où l'on peut puiser sans honte et sans peur, éternellement.

Parfois les écrivains illustres, après des années ou des siècles, se délivrent de la meute des imitateurs parasites ; c'est l'interrègne, puis la résurrection de la gloire et d'une influence désormais restreinte, mais profonde. Racine, obscurci par des générations de copistes, a resplendi de nouveau. Chateaubriand renaîtra bientôt de son bûcher, à moins que de fougueux zélateurs ne ridiculisent encore, pour un demi-siècle, une œuvre qui fut éblouissante.

On ne s'occupe pas assez des mauvais écrivains ; je veux dire qu'on les devrait châtier d'une main plus ferme. Certains devraient se donner cette fonction d'annuler, par une critique impitoyable, le travail des imitateurs, grattage et lavage. L'effort, même d'un pauvre d'esprit, à dire ingénuement son âme inachevée, est touchant comme la lutte d'un brin d'herbe contre une pierre ; la pierre est parfois vaincue. Le labeur trop persévérant des truqueurs doit être détruit, comme une toile d'araignée, jusqu'à ce que la vilaine bête soit morte dans son trou. A moins qu'on ne se borne (c'est la méthode scientifique) à observer les mœurs littéraires avec le désintéressement de Swammerdam ou de Réaumur; à constater les dégâts que font les hommes dans l'idée de beauté et dans toutes les idées générales, comme l'entomologiste suit curieusement la trace d'une invasion de chenilles vertes sur les fleurs de son jardin. Cette méthode est difficile à concilier avec la sensibilité esthétique, et nul, qui aime l'art, ne peut répondre qu'il n'en déviera jamais, l'ayant adoptée : on en laisse le choix aux volontés, selon leurs tendances.

Un style original est le signe infaillible du talent, puisque, en art, tout ce qui n'est pas nouveau est négligeable. Hors de l'art, c'est-à-dire dans les œuvres qui n'ont plus pour but la transposition de la vie en écritures, en formes, en sonorités; dans les œuvres abstraites ou dans celles où l'auteur doit s'astreindre à l'exactitude historique (1), le style se passe de cette nou-

---

(1) Pour comprendre Balzac, il faut : 1° le considérer comme un historien, soucieux avant tout d'être exact, et de bien expliquer la vie; 2° en référer à sa méthode de travail : « En travaillant trois jours et trois nuits, j'ai fait un volume in-18 inti-

veauté sans laquelle un poème, par exemple, est inexcusable : un poème, un roman ou toute fiction, car en littérature il n'y a que des poèmes. Riche d'images, le style tend à l'obscurité ; une image nouvelle, étant la représentation presque directe d'un fragment de vie, est beaucoup moins péremptoire que le cliché, lequel est, si l'on ose dire, une image abstraite. Schopenhauer, Taine et Nietzsche ont fait de la métaphysique ou de la psychologie en un style plein d'images expressément créées par eux pour expliquer leurs visions; tous les trois furent de grands visionnaires devant lesquels l'Abstraction elle-même, comme au regard d'un démiurge, se mettait à vivre et à remuer sous ses longs voiles gelés par les hivers philosophiques. C'est la mentalité de Platon et, poussée au génie, la méthode d'Hermas, de Jean de Meung et de Palafox. Mais Kant, avant sa triste conversion, a proféré des choses éternelles, et peut-être la seule vérité, avec les

---

tulé : *Le Médecin de Campagne.* (Correspondance, 23 sept. 1892); 3° étudier son style, qui est souvent admirable, plein d'images neuves et évocatrices, qui n'est très mauvais que si, emporté par sa fougue, il le modèle, instinctivement, sur la vulgarité d'un épisode ; 4° noter que Balzac a été l'écrivain le plus imité depuis soixante ans.

phrases toutes faites, pâles froides, de la vieille scolastique.

On a dit qu'il y a des écrivains dont le style, entièrement purgé d'images, n'est qu'une suite de propositions grammaticales demeurées à l'état d'armatures ou de lignes ; c'est une illusion. Presque tous les mots, même isolés, sont des métaphores : tout groupe de mots détermine nécessairement une image : elle est neuve et concrète, si les mots n'ont pas encore été groupés selon ces rapports ; elle est abstraite ou parvenue à l'état de cliché, si ce groupement des mots a lieu selon des rapports usuels ou connus. Ni le style de Stendhal, ni celui de Mérimée, ni le style même du Code ne sont exempts d'images ; seulement ces images sont tellement usées, elles ont si longtemps roulé dans les vagues de la parole que voilà des galets unis et ronds où il semble que nul regard mental ne puisse découvrir les linéaments du paysage ancien. « Tout condamné à mort, dit le Code, aura la tête tranchée » ; cela est net, sec et froid ; cela ne laisse à l'entendement aucune alternative ; ce n'est plus une image, c'est une idée, mais une idée qui, à peine comprise, redevient l'image que les mots, sans le savoir, ont tracée avec du sang. Le style le plus décharné est parfois vivant; une goutte d'eau ressuscite le rotifère desséché; une lueur d'imagination restitue aux mots glacés leur valeur émotionnelle.

Il y a donc deux classes de clichés, ceux qui représentent des images dont l'évolution, entièrement achevée, les a menés à l'abstraction pure ; et ceux dont la marche vers l'état abstrait s'est arrêtée à moitié chemin, — parce qu'ils n'avaient reçu à l'origine qu'un organisme inférieur et une forme médiocre, parce qu'ils manquaient d'énergie et de beauté. C'est pour ceux-là qu'il faudrait réserver le mot « cliché » ; les autres seraient mieux nommés « images abstraites ».

Sans images abstraites, la littérature, identique à la vie, serait, comme la vie, incompréhensible ; elles représentent les points lumineux d'un poème, d'un paysage ou d'une figure. Le style de Mallarmé doit précisément son obscurité, parfois réelle, à l'absence quasi totale de clichés, de ces petites phrases ou locutions ou mots accouplés que tout le monde comprend dans un sens abstrait, c'est-à-dire unique. Les abstractions sont bien vraiment les lumières du style.

Mais que de génie pour les disposer, ces lumières que tous les yeux reconnaissent, guider les esprits vers une seule maison, étoiles ! Car c'est la nuit, ou bien ce clair de lune éternel mélancolique d'avoir touché tant de fronts polis par la sottise — *per amica silentia lunæ !*

Peut-être y a-t-il aussi des images inusables, des clichés en diamant, des phrases toutes faites depuis sans doute le commencement du monde et encore belles et jeunes. Trois ou quatre émotions particulièrement chères à l'homme se peuvent dire avec les mots les plus simples, les plus frustes, avec des locutions qui, proférées une fois, sont devenues définitives et comme pareilles à ces roses fées qu'on n'effeuillait pas sans punition.

En somme, puisqu'il s'agit de littérature, il y a des images qui sont belles; il y en a qui sont laides; il y en a de délicates et de vulgaires; il en a que leur nouveauté ne sauve pas d'être ridicules; il y en a d'immortellement jolies. Il y en a peu. Ensuite, de même que certaines fleurs qui se veulent seules pour briller, elles pâlissent et se rident, dès qu'elles sont deux ou trois — dissemblables des Grâces. Il faut les aimer et les craindre : on peut toujours les sous-entendre ; elles sont le filigrane du papier où l'on écrit, quand on sait écrire.

On a enseigné l'art d'écrire (1). On l'enseigne encore, mais avec une foi plus faible. L'art d'écrire est nécessairement l'art d'écrire mal ; c'est l'art de combiner, selon un dessin préconçu, les clichés, cubes d'un jeu de patience. Le cube a six faces. Jetez les dés. Le nombre des combinaisons possibles (il y a peut-être cent mille clichés dans Goyer-Linguet) touche à l'infini dans l'absolu ; elles sont toutes mauvaises, et le jeu est dangereux qui habitue l'esprit à recevoir, sans travail et sans lutte, la becquée. Peu à peu, et nécessairement, une idée, une sensation, telle émotion vitale ou intellectuelle, se trouve associée à l'expression toute faite dont la lecture évoqua jadis dans le cerveau cette même idée, cette même sensation, cette même émotion. Il faut une grande force de réaction personnelle,

---

(1) J'ignorais, en rédigeant ce chapitre, le livre de M. Albalat, *l'Art d'écrire enseigné en vingt leçons*, lequel paraissait à peine. Il est bien meilleur que son titre, en ce sens qu'il soulève toutes sortes de questions de psychologie linguistique, alors qu'on aurait pu s'attendre à un simple manuel scolaire. Le but a gâté l'œuvre, mais elle garde des parties excellentes (*février 1899*).

une grande énergie cellulaire pour résister à la douce facilité d'ouvrir la main sous le fruit qui tombe : il est si agréable et si naturel à l'homme de se nourrir du jardin qu'il n'a bêché, ni semé, ni planté. Les écrivains enclins à cette paresse, et ce ne sont pas toujours ceux de la moindre intelligence, doivent prendre soin de n'employer au moins que des clichés arrivés enfin à l'état abstrait, dont les images usées n'ont plus aucune signification visuelle : cela pourra donner à leurs œuvres un air de froideur extrême; cela les sauvera du ridicule.

Les clichés définitifs, en effet, avant de mourir dans l'abstraction, passent par la phase du ridicule. Il en est de même des mots, et cette rencontre est un argument de plus pour démontrer que les clichés sont de véritables mots à sens complexe. Arsène Darmesteter a noté la situation humble où l'ironie a réduit des mots jadis nobles, tels que « déconfit — occire — preux — sire — castel ». Ce malheur échoit principalement aux mots « poétiques », à ces mots dont abusent les mauvais vers et que telle rime annonce avec une redoutable certitude. Cela se représente à toutes les époques de la langue française et de toutes les langues, mais en atteignant surtout les mots d'origine étrangère. Ainsi : « rosse — lippe — reître — hâbleur — duègne — matamore — donzelle — bizarre » ont en allemand, en espagnol, en italien un sens fort honnête (1). Passé en anglais, le mot « beau » prit le sens de « fat », et, passé en français, le mot « dandy (élégant) » se trouva très vite chargé d'une acception ironique. L'étude des clichés donnerait d'analogues résultats, mais plus curieux encore et bien plus concluants, parce que les exemples seraient innombrables de ces images jadis charmantes et qui ont aujourd'hui le ridicule des vieux visages fardés. Pour en cueillir aussitôt plusieurs paniers, il suffit d'ouvrir encore une fois *Télémaque*, ce témoin précieux d'un moment de la langue française : « les pavots du sommeil — une joie innocente — à la sueur de leur front — secouer le joug de la tyrannie — fouler aux pieds les idoles — l'espérance renaît dans son cœur », sont des expressions qui exigent le sourire et qui ne peuvent plus se proférer qu'avec ironie, mais elles furent jeunes, éloquentes et sérieuses.

(1) *Bizarro*, par exemple, voulait dire, en espagnol, vaillant

Les professions qui comportent l'usage constant de la parole ou de l'écriture sont des conservatoires tenaces de clichés. On sait le rôle politique de la Sphère, de l'Hydre, du Spectre. Les sphères sont nombreuses et leur nombre augmente à mesure que, dans les médiocres foules parlementaires, s'accroît, par défaut d'intelligence, le besoin de l'imitation. Nous avons « la sphère d'influence — la sphère diplomatique — les sphères politiques — une sphère plus étendue — la sphère intellectuelle — la sphère morale — la sphère d'activité — une sphère plus élevée — la sphère des idées — la sphère des progrès démocratiques — la sphère des intérêts matériels, etc. », toutes locutions où « sphère » n'évoque plus aucune image, sinon en certains esprits irrespectueux; non seulement le mot est arrivé au dernier période de l'abstraction, mais il semble même, la plupart du temps, n'avoir qu'une valeur de redondance oratoire, ne correspondre à rien. Il en est de même des hydres et des spectres, deux mots tellement dénués de valeur visuelle qu'ils sont presque toujours interchangeables dans les locutions chères au parlementarisme. Cependant on rencontre le plus souvent : « le spectre clérical — le spectre de 93 — le spectre du moyen âge — le spectre du passé — le spectre du despotisme — l'hydre des révolutions — l'hydre de l'anarchie » ; en 1848, on invitait le pouvoir à « bâillonner l'hydre des rues ». La politique partage avec la morale l'usage des principes et des bases et pendant que les uns se placent « sous la sauvegarde de nos immortels principes », d'autres, sans vergogne, « sapent les bases de l'édifice social ». Quels jolis tableaux pour les théâtres mécaniques de la foire au pain d'épice ! Le répertoire politique est si riche en abstractions qu'on serait tenté de croire que les intérêts dont on charge un député sont tout à fait immatériels et semblables à ceux que défendent dans leurs discours les rhétoriciens du concours général. Ces malheureux, dévorés par le verbalisme, possèdent encore, outre ceux qui sont immortels, toute une série de principes, tels que : le principe sur lequel tout roule — le principe solidement assis — le principe posé trop légèrement — le principe inflexible — le principe qui a germé d'une manière féconde » ; ils détiennent aussi « l'hommage rendu aux principes, l'étrange aberration de principes, les principes sacrés, et les principes consacrés ». Voici encore « le progrès des lumières — les progrès de notre décomposition sociale — le progrès incessant vers l'avenir »; dans ce monde-là il n'est question que de « mettre le fer rouge sur nos plaies — sur le chancre qui nous dévore — sur la gangrène du parlementarisme »; en 1840, on conseillait « d'extirper la gangrène jésuitique qui ronge la société ». Quel jour se passe sans qu'on nous informe « du flot montant de la démocratie, de l'invasion de la démocratie, de la nécessité de se retremper dans le sein du suffrage universel », sans qu'on flétrisse ces patrons inhumains « qui s'engraissent de la sueur du peuple »? Ce dernier cliché, ridicule pour celui qui « voit » les images écrites par les paroles, est tout à fait abstrait pour ceux qui l'emploient; c'est un juron; il est abstrait comme un juron et signifie, non pas les mots qu'il contient, mais la colère de celui qui profère les mots.

Les clichés du patriotisme professionnel sont difficiles à citer dans une étude où l'on ne veut ni indigner, ni faire rire. Un des plus bénins est celui-ci : « depuis nos malheurs, » phrase doucereuse où on assimile la France à une vieille dame à cabas « qui a connu de meilleurs jours ». Telle que la suggère l'ensemble des clichés patriotiques, l'idée de patrie est étroitement liée dans le peuple à l'idée de revanche, de bataille, d'armée ; cela ne va pas plus loin. Le battu guette son vainqueur — avec prudence. Quant à l'idée historique, une et complexe, qu'évoque ce mot — succédané du mot royaume, dans les hommes de race, elle n'a pas produit de clichés. Elle n'est pas populaire ; elle n'est pas « sortie de l'intimité ».

Ces exemples peuvent suffire, car chacun, maintenant, achèvera facilement, s'il lui plaît, un tableau psychologique des professions dessiné avec les clichés familiers.

Tels clichés, abstraits pour celui qui écrit, gardent pour celui qui lit une valeur d'image ; si donc plusieurs métaphores de ce genre se rencontrent liées ensemble par un rapport maladroit, il en résulte un effet de comique assez amusant. Une phrase d'Albert Wolf disait : « Plongez le scalpel dans ce talent tout en surface, que restera-t-il, en dernière analyse ? une pincée de cendre (1). » Le P. Didon a écrit dans un livre récemment loué : « Celui qui vous parle s'est plongé jusqu'à la moelle dans son siècle et dans son pays. » On a recueilli dans un journal grave ceci : « Anéantir les fruits du passé, c'est enlever à l'avenir son piédestal. » Où donc ai-je lu : « C'est avec le fer rouge qu'il faut nettoyer ces écuries d'Augias ! » et : « Un vent d'apaisement souffle enfin sur l'hydre des factions » ? Les ai-je lues ? Il est plus commode d'imaginer ces incohérences que d'aller en rechercher de véritables dans la littérature des imbéciles ; car là, il y a imbécillité, il y a absence de toute sensibilité littéraire. La phrase authentique : « Cent mille hommes égorgés à coups de fusil », est moins choquante, le mot « égorger » étant évidemment de ceux qui sont en marche vers l'abstraction.

« Le char de l'État est entravé dans les flots d'une mer orageuse », cela fut dit à la tribune,

(1) Cité, il y a quelques années, ainsi que deux ou trois autres absurdités, dans les Echos du *Mercure*. Francis Wey a recueilli un certain nombre de ces cacographies dans ses médiocres *Remarques sur la langue française* (1845) ; on en trouvera un grand nombre dans un livre beaucoup plus médiocre encore, mais plus curieux, de P. Poitevin, *la Grammaire des écrivains et des typographes* (1863).

tandis que la phrase où ce même char « navigue sur un volcan » est une invention d'Henry Monnier : on voit combien elle était inutile. « C'est en vain, crie un orateur, que nous ferons une bonne constitution, si la clef de la voie sociale nous manque. » Cormenin, qui avait de la verve et aucun sens littéraire, écrivait ainsi : « Par la trempe étendue et souple de son esprit, il jette de vives lumières sur toutes les questions », ou bien : « J'ai modéré le feu de mes pinceaux. » Il fit un tel abus des « lambris dorés » qu'on lui attribua cette petite création ridicule (1). Que de « parfums inouïs », que de « rougeurs candides », que de « voix visiblement émues » ! Presque tout le théâtre de Casimir Delavigne, d'Émile Augier, de Ponsard est rédigé dans ce style, qui est aussi celui des Janin, des About, des Méry,

(1) Il semble bien cependant que l'extravagance d'un Cormenin soit moins pénible que la correcte platitude de tant d'écrivains estimés. Je relève dans les quinze premières lignes du feuilleton d'un homme qui, toutes les semaines, se fait le juge de la littérature, ces expressions : « Un gouvernement sans gloire et une paix sans dignité. — Se consolaient de leur misère présente en songeant aux splendeurs du passé — Effort surhumain — Univers émerveillé — la magnificence de ces souvenirs — vulgarité régnante — chambre servile, etc, » C'est l'union parfaite du cliché et du lieu commun, — d'où l'impression inattendue de convenance et de correction. Le genre admis, s'il était possible, il n'y aurait rien à reprendre.

des Feuillet. « C'était, dit About, comme un roseau fêlé qui plie sous la main du voyageur. » Ici le copiste a mis une date au bas de sa sottise; elle est certainement contemporaine de la vogue du « Vase brisé ». Méry s'écrie avec feu : « Un cri de désespoir, un cri surhumain et corrosif comme un tamtam! »

Il ne faudrait pas d'ailleurs presser trop étroitement les métaphores qui se gonflent, souvent avec trop d'orgueil, dans les meilleurs styles. L'absurde est partout. Nous vivons dans l'absurde. Soyons donc indulgents pour nos plaisirs et goûtons dans les images nouvelles ce qu'elles ont de beau, leur nouveauté. L'homme est ainsi organisé qu'il ne peut exprimer directement ses idées et que ses idées, d'autre part, sont si obscures que c'est une question de savoir si la parole trahit l'idée ou au contraire la clarifie. Aucun mot ne possède un sens unique ni ne correspond exactement à un objet déterminé, exception faite pour les noms propres. Tout mot a pour envers une idée générale, ou du moins généralisée. Quand nous parlons, nous ne pouvons être compris que si nos paroles sont admises comme les représentantes non de ce que nous disons, mais de ce que les autres croient que nous disons; nous n'échangeons que des reflets. Dès que le mot et l'image gardent dans le discours leur valeur concrète, il s'agit de littérature : la beauté n'est plus tout entière dans la raison, elle est aussi dans la musique.

Proscrit de la littérature, le cliché a son emploi légitime dans tout le reste; c'est dire que son domaine est à peu près universel. Figurons-nous la même langue parlée dans l'univers entier, — sauf dans la république d'Andorre.

NOTES COMPLÉMENTAIRES

Page 22. — *Renonculacées* a plutôt été tiré directement de *renoncule*.

Page 24. — Sur ce que le français doit au latin scolastique, voir l'introduction du *Dictionnaire général* de Hatzfeld et Darmesteter.

Page 36. — *Céphalalgie*. Les Grecs, qui avaient ce mot, l'écrivaient κεφαλαργια, ce qui est beaucoup moins difficile à prononcer. Le gréco-français raffine sur le grec classique. Les dictionnaires donnent la forme étymologique; *céphalargie* est cité par Max Muller, qui le compare à *léthargie* (*Nouvelles leçons*, I, p. 225 de l'édition française), à propos des changements de *l* en *r*.

Page 38. — La formation de l'impératif a donné une quantité de surnoms devenus des noms propres, dont *Boileau*, *Boivin* sont les types.

Page 43. — Les anciennes sages-femmes avaient un vocabulaire anatomique d'une incroyable richesse; rien que pour les détails des organes qui étaient leur domaine, on a relevé, sans toutefois pouvoir les clairement identifier, les mots suivants, de vieux et bon français : *les barres, le haleron, la dame du milieu, le ponnant, les toutons, l'enchenart, la babole, l'entrepont, l'arrière-fosse, le guilboquet, le lippon, le barbidaut le guillevard, les balunaux,* etc. (E. Brissaud, *Expressions populaires*.

Page 69. — Voltaire écrivait *autentique*.

Page 72. — Les affiches du *Lys Rouge* ont heureusement popularisé à nouveau cette orthographe.

Page 90. — *Bretèche*, loge avec vues latérale et de face faisant saillie sur une façade. Le *window* anglais est une véritable *bretèche* (Viollet-Leduc, *Histoire d'une maison*).

Page 139. — Malherbe ne faisait que répéter Ramus : « Le peuple est souverain seigneur de sa langue, il la tient comme un fief de franc alleu, et n'en doit recognoissance à aulcun seigneur. Lescolle de ceste doctrine n'est point es auditoires des professeurs hébreux, grecs et latins en l'Université de Paris : elle est au Louvre, au Palais, aux Halles, en Grève, à la place Maubert. » (Cité par J. Tell, *les Grammairiens français*).

Page 179. — Les noms populaires du singe, *babouin, monin, marmot*, ont fourni un grand nombre de dérivés linguistiques ou métaphoriques. M. E. Rolland les signale dans le Supplément de sa *Faune populaire*, en ce moment sous presse (Avril 1899).

Page 181. — M. Max Muller (*Nouvelles leçons*, I, v^e leçon) montre que l'épervier et le tiercelet, délaissés comme instruments de chasse, donnèrent leurs noms à des armes à feu : l'épervier, *muscatus*, devint le *mosquet* ou *mousquet*; en italien le *tiercelet*, *terzuolo*, devint un petit pistolet, *terzeruolo*. En anglais le *sacre*, *saker*, désigna une sorte de canon. Il semble bien qu'il faille joindre à ces exemples l'*arquebuse*, italien, *archibuso*; le sens des *arcs-buse* me paraît plus probable que celui de *arc creux*, *arco bugio*.

Page 188. — Le brochet est appelé selon l'âge : *lançon* et *lanceron, poignard, carreau, brochet*. — Le chien de mer, *pike-dog*, en anglais, est l'*aiguillat*, en Provence. — *Lucius* se retrouve sans doute dans *luts* et *lieu*, noms donnés à un poisson appelé aussi colin.

Page 194. — La torpille a toujours son joli nom populaire *dormilleuse*; on la nomme aussi *tremble*.

Page 197. — De même tous les poissons qui ne se mangent pas, ils sont généralement très laids, sont appelés par les marins, *crapaud de mer*, *diable de mer*.

Page 294. — Le plus ancien ouvrage de ce genre est le *Dictionnaire des Epithètes*, par Maurice de la Porte, 1575.

TABLE-INDEX

ESTHÉTIQUE DE LA LANGUE FRANÇAISE

Chapitre Ier. — Beauté physique des mots, 17. — Origine des mots français, 18. — Les doublets, 21. — Le vieux français et la langue scolastique, 24. — Le latin, réservoir naturel du français, 26.

Chapitre II. — Le sens du mot déterminé par sa fonction et non par son étymologie, 28. — Les mots détournés de leur sens premier, 29. — Les mots à sens nul et les mots à sens multiples, 31. — Le mot est un signe et non une définition, 32.

Chapitre III. — Le gréco-français, 34. — Les mots à combinaison étymologique, 35. — Les mots composés français, 36. — Le grec industriel et commercial, 38. — Le grec médical, 40. — Le grec et la dérivation française, 45. — Le grec et le français dans la botanique, 46 ; — l'histoire naturelle, 48 ; — la sociologie, 50. — Les dieux grecs, 52.

Chapitre IV. — La langue française et la Révolution, 54. — Le jargon du système métrique, 55. — La langue traditionnelle des poids et mesures, 56. — La langue des métiers : la maréchalerie, 59 ; — le bâtiment, 60. — Beauté de la langue des métiers, dont l'étude pourrait remplacer celle du grec, 61.

Chapitre V. — Les mots gréco-français jugés d'après leur forme et leur sonorité, 62. — Comment le peuple s'assimile ces mots, 63. — Rejet des principes étymologiques, 64. — L'orthographe et le « fonétisme », 65.

Chapitre VI. — Réforme des mots gréco-français, 68. — Les lettres parasites et les groupes arbitraires (ph, ch), 69. — Liste de mots grecs réformés, 71. — La cité verbale et les mots insolites, 73. — Dernier mot sur le « fonétisme », 74. — La liberté de l'orthographe, 75.

Chapitre VII. — Le latin, tuteur du français, 77. — Son rôle de chien de garde vis-à-vis des mots étrangers, 78. — Les peuples qui imposent leur langue et les peuples qui subissent les langues étrangères, 81. — Peuples et cerveaux bi-lingues, 82.

Chapitre VIII. — Comment le peuple s'assimile les mots étrangers, 85. — Liste de mots allemands, espagnols, italiens, etc., anciennement francisés, 85. — Rapports linguistiques anglo-français, 88. — Le français des Anglais et l'anglais des Français, 91. — Les noms des jeux, 92. — La langue de la marine, 93.

Chapitre IX. — Naissance d'un mot, 96. — Réformes possibles dans l'orthographe des mots étrangers, 97. — Liste de mots anglais réformés, 98. — Liste de mots anglais francisés par les Canadiens, 103.

Chapitre X. — Une Académie de la beauté verbale, 106. — La formation savante et la déformation populaire, 107. — La vitalité linguistique, 108. — Innocuité des altérations syllabiques, 109. — La race fait la beauté d'un mot, 110. — Le patois européen et la langue de l'avenir, 111.

LA DÉFORMATION

I. — La littérature et la langue, à Rome et en France, 115. — Rôle de la déformation, 119. — L'école et l'argot, 122. — La corruption et la vie du langage, 124. — Déformation par changement de sens, 125. —Déformation de prononciation et de forme, 125. — Le mouvement dans le langage, 128. — Corruptions réelles, mais vénielles, 131. — Quelques étymologies, 133. — Le *Dictionnaire néologique*, 134. — La peur du mot nouveau, 135. — La bonne et la mauvaise déformation, 137.

II. — Dites. Ne dites pas, 138. — Une liste de déformations populaires, 130. — Son examen : statue, 140 ; — fanferluche, palfernier, pimpernelle, sersifis, 142 ; — Angola, colidor, flanquette, 143 ; — nentilles, esquilancie, 143 ; — cangrène, franchipane, reine-glaude, cintième, 144 ; — sesque, prétexe, esquis, 145 ; — vermichelle, 146 ; — castrole, 146 ; — éléxir, gérofle, géroflée, gengembre, gigier, 148 ; — chair-cutier, 149 ; — crusocale, poturon, 149 ; — lévier, 150 ; — pariure, 150 ; — mairerie, seigneurerie, chrétienneté, 151 ; — nage, consulte, purge, 151 ; — se revenger, rancuneux, enchanteuse, corrompeur, 152 ; — regaillardir, 153 ; — cambuis, 153 ; — comparition, 153 ; — contrevention, 154 ; — coutumace, 154 ; — dinde, nacre, 154 ; — *e* devenant *i*, 155 ; — pomme d'orange, jardin des olives, 155 ; — bivouaquer, 156 ; — airé, 156 ; — laideronne, 156 ; — fortuné, 156 ; — carbonate, 157 ; — jor, jornal, ojord'hui, 157 ; — écale, écaille, 157 ; — maline, échigner, 159 ; — farce, flegme, 160 ; dompeteur, 160 ; — le cheval à mon père, 161 ; — mésentendu, 161 ; — perclue, 161 ; — éclairer, allumer, 162 ; — à fur et à mesure, 162 ; — secoupe, 163 ; — vous faisez, 163 ; — prévu d'avance, 164 ; —

promener, 164 ; — raisons. 165 ; — voix de centaure, 165 ; — venimeux, vénéneux, 167 ; — iniation, 169.

LA MÉTAPHORE : LES BÊTES ET LES FLEURS.

Presque tous les mots sont des métaphores, 173. — Examen de quelques mots : roitelet, 173 ; — lézard, 176 ; — grue, chevalat, chèvre, singe, mule, bâton, bourdon, 178 ; — chien, chenet, chiendent, chenille, 181 ; — cloporte, 183 ; — fauvette, bergeronnette, linotte, loriot, chardonneret, 184 ; — brochet, bélier, 188 ; — belette, 190 ; — pic, plongeon, pélican, rouget, dormiliouse, 193 ; — tournesol, 194 ; — coquelicot, 196 ; — renoncule, joubarbe, fumeterre, 198 ; — adonis, nielle, 202 ; — violette de chien, hépatique, anémone, 204 ; — aubépine, chèvre-feuille, rouge-gorge, fourmi-lion, 207 ; — autres mots : corset, clairon, amadou, navette, béryl, railler, 210 ; — compter et conter, dessein et dessin, pupille, prunelle, 212 ; — groupes sémantiques, 217.

LE VERS LIBRE.

I. — Résumé de l'histoire de la versification, 222. — Nouvelle classification des rimes masculines et féminines, 228.

II. — Origines du vers libre, 229. — Le vers libre, d'après M. Gustave Kahn, 233. — Le vers faux des classiques et des romantiques, 238. — L'e muet, 240.

III. — Le vers libre de M. Gustave Kahn, 244. — Avenir du vers libre, 250.

NOTE SUR UN VERS LIBRE LATIN, 251.

LE VERS POPULAIRE

Les deux courants de la poésie, 261. — Héro et Léandre dans la tradition populaire, 262. — Règles de la versification populaire, 264. — L'hiatus, la répétition, l'assonance, 266. — La synérèse et son contraire, 268. — Rythme, 269. — Déformations verbales, 270. — Mots forgés, 271. — Obscurité des chansons populaires, 275. — Types de chansons populaires : la *Fille dans la tour*, et la *Triste noce*, 276.

LE CLICHÉ.

Les phrases faites une fois pour toutes, 283. — Les proverbes, 285. — Phrases maniées comme si elles étaient des mots, 286. — La mémoire visuelle et la mémoire verbale, 288. — Les mots abstraits et les mots concrets, 290. — Mécanisme de la description, 291. — Les épithètes, 293. — De la vision en littérature, 296. — Culture scolaire de l'oreille, au détriment de l'œil, 297. — Transformation des images en mots et des mots en images, 298. — La citation latine, 299. — Source des clichés dans les livres célèbres : *Télémaque*, 300. — Nul style n'est exempt d'images, 307. — Les deux classes de clichés : le cliché et l'image abstraite, 308. — Utilité des clichés dans le style, 308. — L'ironie tue les mots et les images, 311. — Les clichés professionnels, 313. — La Sphère, l'Hydre et le Spectre, 313. — Clichés célèbres, 317. — Le domaine légitime du cliché, 320.

NOTES COMPLÉMENTAIRES, 321.

FIN

ACHEVÉ D'IMPRIMER

le quatre mai mil huit cent quatre-vingt-dix-neuf

PAR

BLAIS ET ROY

A POITIERS

pour le

MERCVRE

DE

FRANCE

ÉDITIONS DV MERCVRE DE FRANCE
Extrait du Catalogue

Roman

LÉON BLOY
La Femme pauvre. 3 50

JEAN DE CHILRA
L'Heure sexuelle. 3 50

ALBERT DELACOUR
Le Roy 3 50

EDOUARD DUJARDIN
L'Initiation au Péché et à l'Amour. 3 50

LOUIS DUMUR
Pauline ou la Liberté de l'Amour. 3 50

GEORGES EEKHOUD
Le Cycle patibulaire 3 50
Mes Communions. 3 50
Escal Vigor. 3 50

ANDRÉ GIDE
Le Voyage d'Urien, suivi de Paludes. 3 50
Les Nourritures terrestres. 3 50

REMY DE GOURMONT
Le Pèlerin du Silence. Frontispice d'ARMAND SEGUIN. . 3 50
Les Chevaux de Diomède. 3 50
D'un Pays lointain. 3 50
Le Fantôme. Deux lithogr. de HENRY DE GROUX. . 4 »
Histoires magiques. Deux lithogr. de HENRY DE GROUX. 3 50

CHARLES-HENRY HIRSCH
La Possession. 3 50

ALFRED JARRY
Les Jours et les Nuits, *Roman d'un Déserteur* . . 3 50

CAMILLE LEMONNIER
Un Mâle. 3 50
La Petite Femme de la Mer. 3 50

JEAN LORRAIN
Contes pour lire à la Chandelle. . . . . . . 2 »

PIERRE LOUYS
Aphrodite. 3 50
Les Chansons de Bilitis, *Roman lyrique* . . . 3 50
La Femme et le Pantin. 3 50

Envoi franco du CATALOGUE COMPLET sur demande.

RACHILDE
Les hors nature. 3 50
La Tour d'amour. 3 50
HUGUES REBELL
La Nichina. 3 50
Le Magasin d'Auréoles. . . . . 2 »
La Femme qui a connu l'Empereur. 3 50
HENRI DE RÉGNIER
La Canne de Jaspe. 3 50
Le Trèfle blanc. 2 »
J.-H. ROSNY
Les Xipéhuz. . . . . 2 »
MARCEL SCHWOB
Le Livre de Monelle. . . . . 2 »
JEAN DE TINAN
Penses-tu réussir ?. 3 50
L'exemple de Ninon de Lenclos, amoureuse. 3 50

Poésie

MAX ELSKAMP
La Louange de la Vie. 3 50
ANDRÉ FONTAINAS
Crépuscules. 3 50
PAUL GÉRARDY
Roseaux. 3 50
CHARLES GUÉRIN
Le Cœur Solitaire. 3 50
A.-FERDINAND HEROLD
Images tendres et merveilleuses. 3 50
FRANCIS JAMMES
De l'Angelus de l'Aube à l'Angelus du Soir. . . . 3 50
GUSTAVE KAHN
Premiers Poèmes, précédés d'une étude sur le vers libre. 3 50
Le Livre d'Images. 3 50
SÉBASTIEN-CHARLES LECONTE
Les Bijoux de Marguerite. 3 50
STUART MERRILL
Poèmes, 1887-1897. . . . . 3 50
PIERRE QUILLARD
La Lyre héroïque et dolente. 3 50
HENRI DE RÉGNIER
Poèmes, 1887-1892. . . . . 3 50
Les Jeux rustiques et divins. 3 50
Premiers vers et Poèmes. 3 50

JEHAN RICTUS
Les Soliloques du Pauvre. 3 50
ARTHUR RIMBAUD
Œuvres de Jean-Arthur Rimbaud, complètes en un volume. Portrait de Rimbaud par Fantin-Latour 3 50
ALBERT SAMAIN
Au Jardin de l'Infante 3 50
Aux Flancs du Vase 3 50
ÉMILE VERHAEREN
Poèmes 3 50
Poèmes, nouvelle série 3 50
Poèmes, IIIe série. 3 50
FRANCIS VIELÉ-GRIFFIN
Poèmes et Poésies 3 50
La Clarté de Vie. 3 50
Phocas le Jardinier. 3 50

Collection d'auteurs étrangers.

E. A. BUTTI
L'automate, roman, traduit par M. Lécuyer. 3 50
GERHART HAUPTMANN
La Cloche engloutie. Trad. de A.-Ferdinand Herold. . 3 50
GUNNAR HEIBERG
Le Balcon. Traduit par le Comte M. Prozor. . . . . . . 2 »
RUDYARD KIPLING
Le Livre de la Jungle, traduit par Louis Fabulet et Vicomte Robert d'Humières 3 50
A. LACOIN DE VILLEMORIN ET Dr KHALIL-KHAN
Le Jardin des Délices, tr. du persan 3 50
EMERICH MADACH
La Tragédie de l'Homme, traduit par Ch. de Bigault de Casanove 3 50
GEORGE MEREDITH
Essai sur la Comédie. De l'Idée de Comédie et de l'Exemple de l'Esprit Comique. Traduit par H.-D. Davray. . . . 2 »
FRÉDÉRIC NIETZSCHE
Pages choisies, publiées par Henri Albert 3 50
WALTER PATER
Portraits imaginaires, traduit par Georges Khnopff . 3 50
AUGUSTE STRINDBERG
Inferno, roman. 3 50
Axel Borg roman, traduit par M. L. Littmanson 3 50
Margit (La Femme du Chevalier Bengt), trad. par Georges Loiseau. . . . . 2 »

H. G. WELLS
La Machine à explorer le Temps (*The Time Machine*)
roman, traduit par Henry-D. Davray. 3 50

OSCAR WILDE
Ballade de la Geôle de Reading, texte anglais. Traduction française par Henry-D. Davray . . . .   2 »

Théâtre

HENRY BATAILLE
Ton Sang, précédé de **La Lépreuse**. 3 50

A.-FERDINAND HEROLD
Sâvitri, comédie héroïque en deux actes, en vers . . . .   1 »

MAURICE MAETERLINCK
Aglavaine et Sélysette. 3 50
Alladine et Palomides. 3 50

VIRGILE JOSZ & LOUIS DUMUR
Rembrandt, drame d'art et d'histoire. 3 50

Divers

HENRY DETOUCHE
De Montmartre à Montserrat, illustr. de l'auteur. . .   3 50

PAUL FORT
Ballades Françaises. Préface de Pierre Louÿs. . . .   3 50
Montagne (*Ballades Françaises*, 2ᵉ série) 3 50
Le Roman de Louis XI. 3 50

REMY DE GOURMONT
Le Latin Mystique. Miniature de Filiger . . . . . .   10 »
Le Livre des Masques. Dessins de Vallotton. 3 50
Le IIᵉ Livre des Masques. Dessins de Vallotton . . .   3 50
L'Esthétique de la langue française . . . .   3·50

MAURICE MAETERLINCK
Le Trésor des Humbles. 3 50

FRÉDÉRIC NIETZSCHE
Ainsi parlait Zarathoustra. . . . .   10 »
Par Delà le Bien et le Mal . . . .   8 »

MARCEL SCHWOB
Mimes. . . . .   3 »
Spicilège. 3 50

ROBERT DE SOUZA
La Poésie Populaire et le lyrisme sentimental.   3 50

MERCVRE DE FRANCE
Fondé en 1672
(*Série moderne*)
15, RVE DE L'ÉCHAVDÉ. — PARIS
paraît tous les mois en livraisons de 300 pages, et forme dans
l'année 4 volumes in-8, avec tables.

Rédacteur en Chef : ALFRED VALLETTE

**Romans, Nouvelles, Poèmes, Littérature
Philosophie, Critique, Traductions, Théâtre, Musique
Portraits, Dessins et Vignettes originaux.**

REVUE DU MOIS

Épilogues (actualité) : Remy de Gourmont.
Les Poèmes : Pierre Quillard.
Les Romans : Rachilde.
Théâtre (publié) : Louis Dumur.
Littérature : Robert de Souza.
Histoire, Sociologie : Marcel Collière.
Philosophie : Louis Weber.
Psychologie : Gaston Danville.
Science sociale : Henri Mazel.
Questions morales et religieuses : Victor Charbonnel.
Sciences : Albert Prieur.
Méthodes : Valéry.
Voyages, Archéologie : Charles Merki.
Romania, Folklore : J. Drexelius.
Bibliophilie, Histoire de l'Art : R. de Bury.
Ésotérisme et Spiritisme : Jacques Brieu.
Chronique universitaire : L. Bélugou.
Les Revues : Charles-Henry Hirsch.
Les Journaux : R. de Bury.

Les Théâtres : A.-Ferdinand Herold.
Musique : Pierre de Bréville.
Art moderne : André Fontainas.
Art ancien : Virgile Josz.
Publications d'Art : Y. Rambosson.
Le Meuble et la Maison : Les XIII.
Chronique du Midi : Jean Carrère.
Chronique de Bruxelles : Georges Eekhoud.
Lettres allemandes : Henri Albert.
Lettres anglaises : Henry-D. Davray.
Lettres italiennes : Luciano Zúccoli.
Lettres espagnoles : Ephrem Vincent.
Lettres portugaises : Philéas Lebesgue.
Lettres latino-américaines : Pedro Emilio Coll.
Lettres russes : Zinaïda Wenguerow.
Lettres néerlandaises : Pauw.
Lettres scandinaves : Peer Eketræ.
Lettres tchèques : Jean Rowalski.
Variétés : X.
Publications récentes : Mercure.
Echos : Mercure.

PRIX DU NUMÉRO :

France : 2 fr. » — Étranger : 2 r. 25

ABONNEMENT

FRANCE	ETRANGER
Un an . . . . 20 fr.	Un an . . . . 24 fr.
Six mois . . . . 11 »	Six mois . . . . 13 »
Trois mois . . . . 6 »	Trois mois . . . . 7 »

On s'abonne *sans frais* dans tous les bureaux de poste en France (Algérie et Corse comprises), et dans les pays suivants : Belgique, Danemark, Italie, Norvège, Pays-Bas, Portugal, Suède, Suisse.

Imp. C. RENAUDIE, 56, rue de Seine, Paris.

www.ingramcontent.com/pod-product-compliance
Lightning Source LLC
Chambersburg PA
CBHW060651170426
43199CB00012B/1749